1 Addiere die nebeneinanderliegenden Zahlen.

3	15
16	2

3 + 15 = ____

16 + 2 = ____

2 Addiere. Ergänze die Rechenquadrate.

4 + 15 = 19

9 ___ = 19

a)

4	15
9	

b)

12	5
8	

c)

13	6
	7

d)

8	7
	9

e)

17	
13	9

f)

	7
16	8

g)

19	6
	12

h)

	14
11	16

3 Überprüfe, ob es Rechenquadrate sind.

a)

13	5
6	12

○ Ja ○ Nein

b)

3	18
10	11

○ Ja ○ Nein

c)

12	5
7	9

○ Ja ○ Nein

d)

13	6
7	12

○ Ja ○ Nein

e)

11	9
9	12

○ Ja ○ Nein

4 Erfinde verschiedene Rechenquadrate mit dem Ergebnis 25.

1 Welche Aufgabe passt zum Bild? Kreuze an und rechne.

a)

○ 7 + 4 = ___
○ 11 – 4 = ___
○ 11 – 7 = ___

b)

○ 5 – 5 = ___
○ 6 – 0 = ___
○ 5 + 8 = ___

c)

○ 8 – 1 = ___
○ 9 – 8 = ___
○ 1 + 9 = ___

2 Male ein Bild zu der Aufgabe. Rechne.

13 – 5 + 2 = ___

3 a) Mila legt Muscheln in sechs Reihen. In jeder Reihe liegen fünf Muscheln. Wie viele Muscheln braucht sie dafür?

b) Nun nimmt sie rundherum eine Reihe weg. Wie viele Muscheln bleiben liegen?

4 Jörn legt eine Reihe mit sieben Muscheln. Darunter legt er eine Reihe mit sechs Muscheln. Darunter 5 Muscheln und immer so weiter. Wie viele Muscheln kann er insgesamt legen?

2 Diff: Im Forscherheft zu eigenen Aufgaben passende Bilder malen.

1 Ergänze die Rechenrechtecke.

10+5+5

11+7+___

a)

10	5	5
11	7	

b)

8	7	6
	5	9

c)

3	12	10
8		2

2 a) Finde verschiedene Rechenrechtecke mit dem Ergebnis 21.

b) Finde verschiedene Rechenrechtecke mit dem Ergebnis 28.

3 Verdoppele immer die inneren Zahlen.

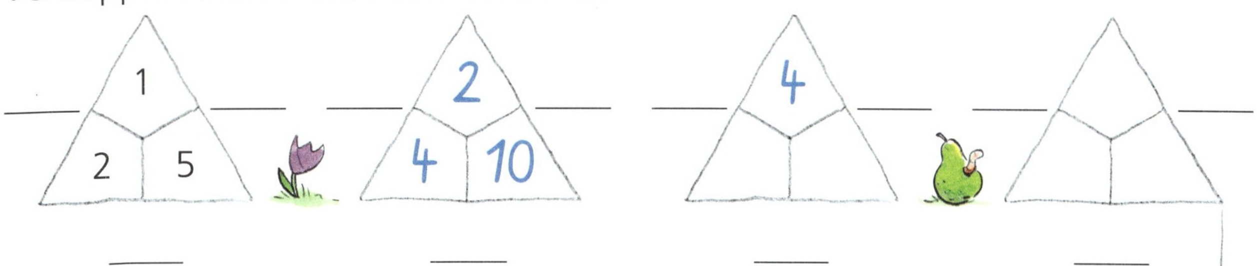

Was passiert mit den äußeren Zahlen?

____

____

4 Wo passen die Zahlen?

a) 5, 9, 12, 14, 17, 21

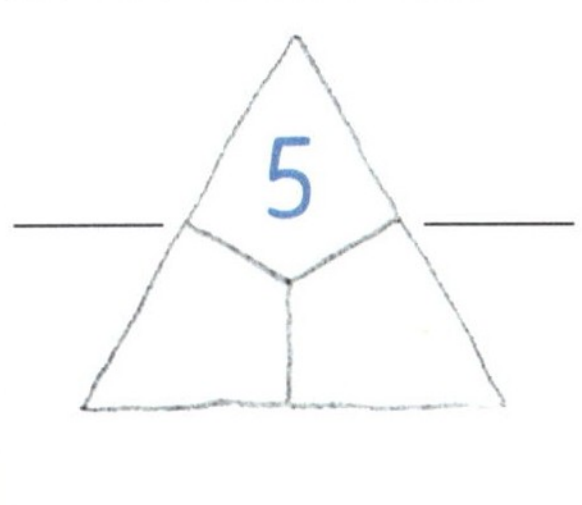

b) 7, 8, 14, 15, 21, 22

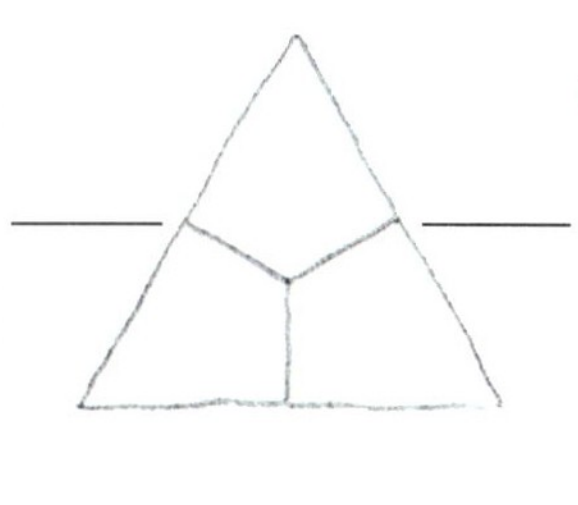

c) 10, 13, 16, 23, 26, 29

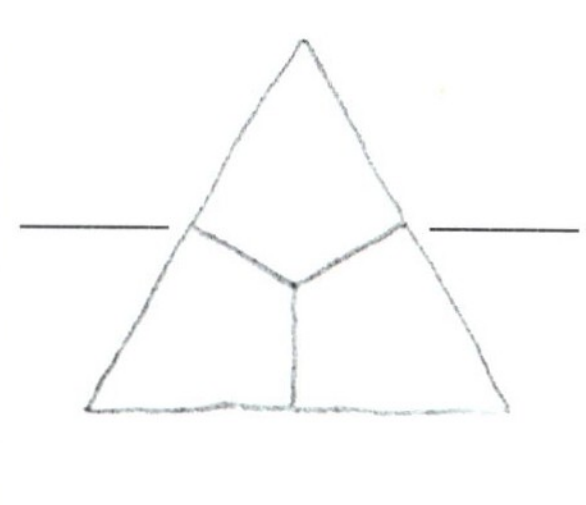

1 u. **2** Diff: Im Forscherheft weitere Rechenrechtecke zu anderen Ergebnissen finden. **3** u. **4** Kopiervorlagen nutzen.

1 Setze fort. Male und rechne.

2 ____ 2 + 4 = ________ 2 + ________ ________

Wie viele Bälle sind im 6. Bild?

Im 6. Bild sind ______________________.

2

15 ____ 15 − = ________ 15 − − = ________

Wie viele Bälle sind im 4., 5. und im 6. Bild?

Im 4. Bild: ____. Im 5. Bild: ____. Im 6. Bild: ____.

3 Setze fort.

a)
20 + 10 = ___
19 + 9 = ___
18 + 8 = ___
17 + 7 = ___
___ + ___ = ___
___ + ___ = ___
___ + ___ = ___

b)
10 − 3 = ___
15 − 6 = ___
20 − 9 = ___
25 − ___ = ___
___ − ___ = ___
___ − ___ = ___
___ − ___ = ___

c)
6 + 7 = ___
8 + 9 = ___
10 + 11 = ___
12 + ___ = ___
___ + ___ = ___
___ + ___ = ___
___ + ___ = ___

d)

1 und 2 Diff: Muster im Forscherheft fortsetzen.
Eigene Muster erfinden.

1 a) Simon hat drei Hosen und vier T-Shirts.
Er überlegt: „Ich möchte jeden Tag anders gekleidet sein."
Wie viele Möglichkeiten hat er?

b) Zum Geburtstag bekommt Simon weitere drei T-Shirts geschenkt. Leider zerreißt er sich eine Hose.
Wie viele Möglichkeiten hat Simon nun?

c) Simon bekommt auch noch zwei Kappen geschenkt.
Wie viele Möglichkeiten hat er jetzt, um immer anders gekleidet zu sein?

Diff: Möglichkeiten im Forscherheft aufmalen.

1 a)

b)

c)

2 a)

b)

c) Erstelle noch höhere Zahlenmauern.

3 Wo passen die Zahlen?

a)

2
3
4
5
6
8
11
12
18
29

b)

0
4
4
8
11
11
12
15
16
31

c)

6
7
8
9
13
16
17
29
33
62

4 Setze diese vier Steine in die unterste Reihe: 2 5 9 13

a) Im obersten Stein soll eine möglichst **kleine** Zahl stehen.

b) Im obersten Stein soll eine möglichst **große** Zahl stehen.

c) Schreibe auf, wie die Zahlen in der untersten Reihe angeordnet sein müssen, um im obersten Stein die größte Zahl zu erreichen.

____

____

Kopiervorlagen nutzen.

1 Immer (15). Finde verschiedene Möglichkeiten.

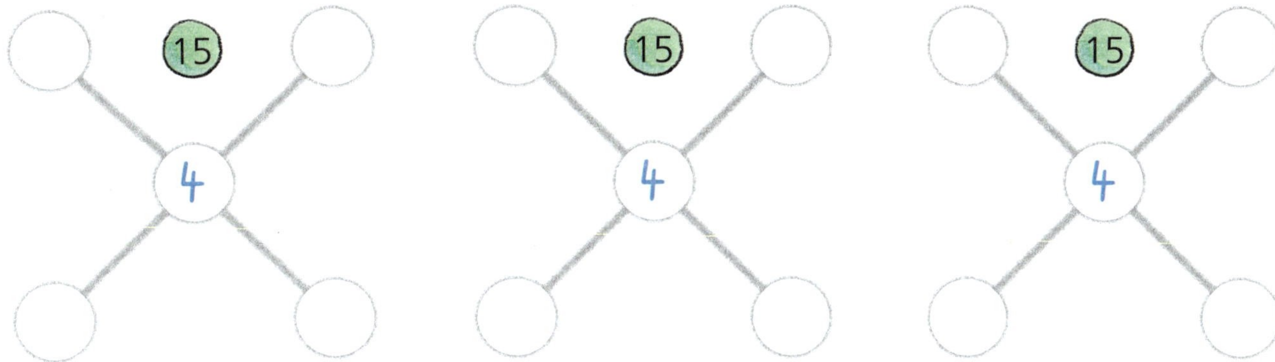

2 Immer (25).

a)

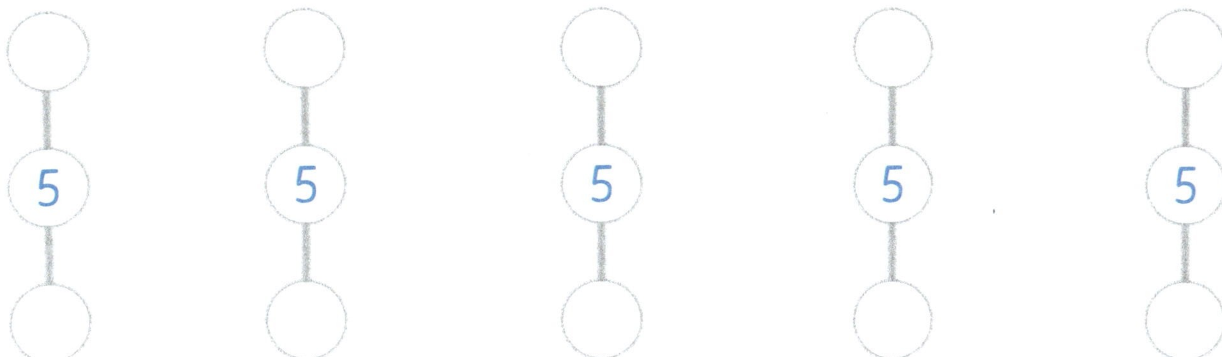

b) Wie viele verschiedene Möglichkeiten gibt es?

3 Zauberbuchstaben. Trage die Zahlen passend ein.

a)

4
5
6
7
8
9

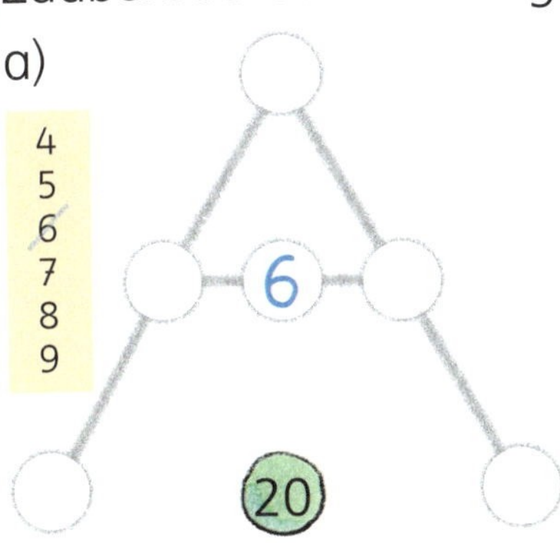

b)

6
7
8
9
14
15

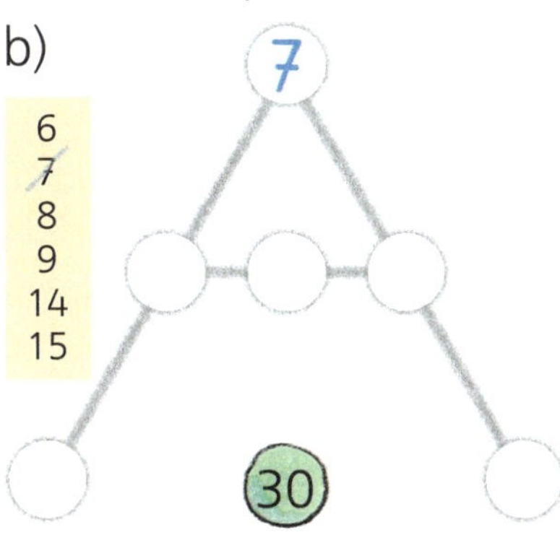

c)

3
9
11
12
17
20

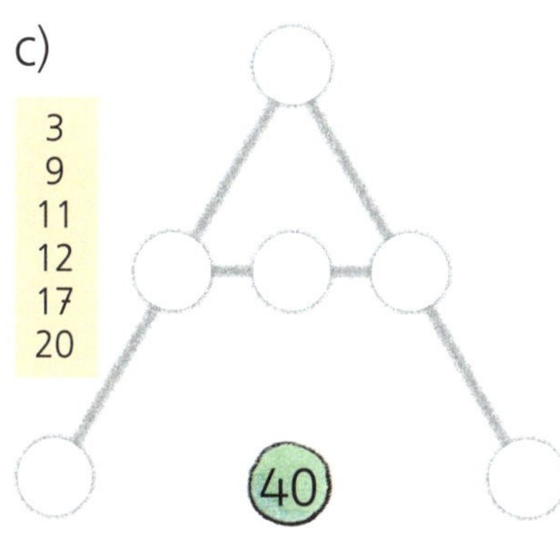

1 Ausschnitte aus der Hundertertafel. Trage die fehlenden Zahlen ein.

a) 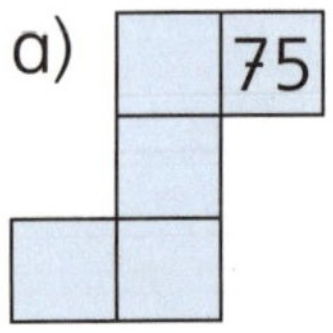

b) 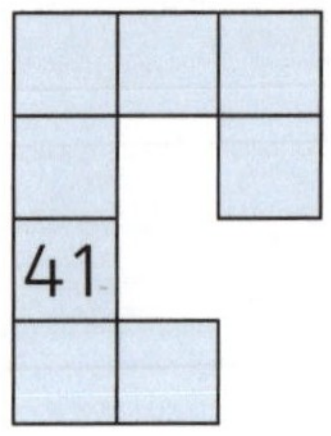

c) 

d) 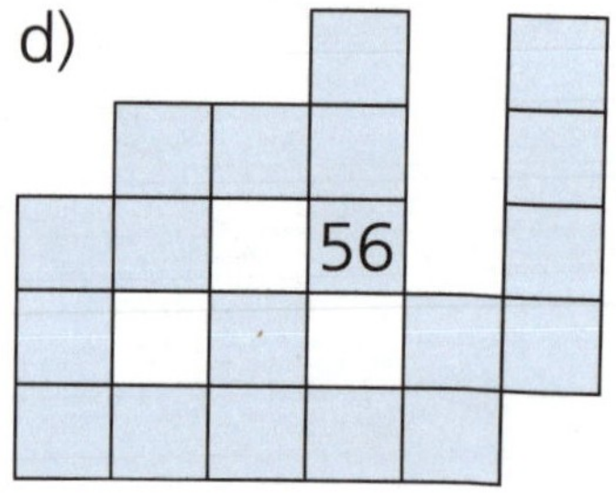

2 Trage die fehlenden Zahlen in die markierten Felder ein.

a) 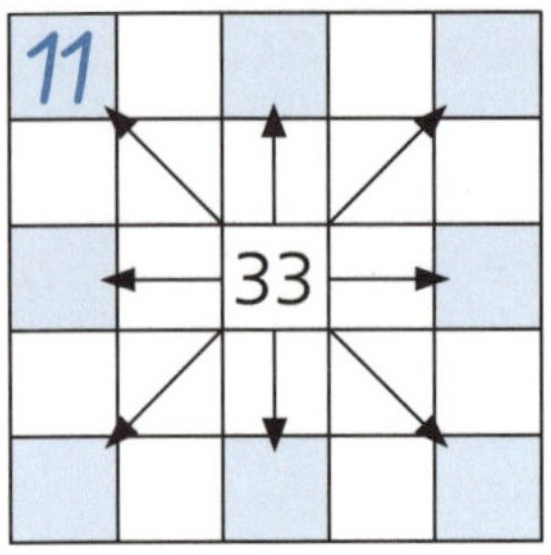

b) 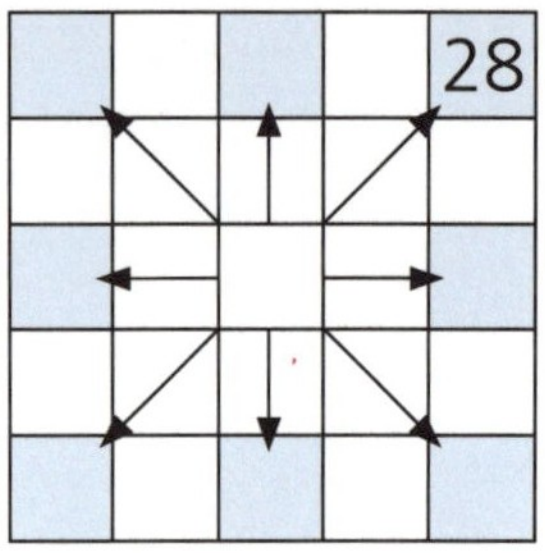

c) 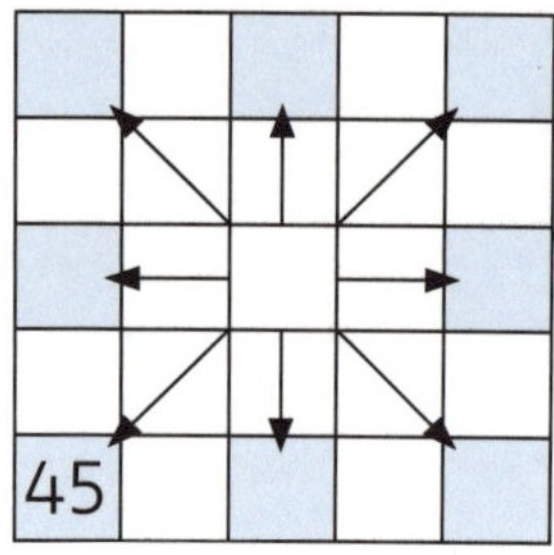

3 Wo landest du?

a) Start 35, 2 nach rechts, 3 nach unten, 1 nach links, Ziel ☐

b) Start 43, 1 nach oben, 2 nach links, 4 nach unten, Ziel ☐

c) Start 62, 4 nach rechts, 6 nach oben, 5 nach links, Ziel ☐

d) Start 100, 5 nach oben, 4 nach links, 2 nach unten, Ziel ☐

4 a) Finde **zwei Zahlen**, die zusammen **100** ergeben.

1 + 99 = 100

Wie viele dieser Zahlenpaare gibt es?

1	2	3	4	5	6	7	8	9	10
11	12	13	14	15	16	17	18	19	20
21	22	23	24	25	26	27	28	29	30
31	32	33	34	35	36	37	38	39	40
41	42	43	44	45	46	47	48	49	50
51	52	53	54	55	56	57	58	59	60
61	62	63	64	65	66	67	68	69	70
71	72	73	74	75	76	77	78	79	80
81	82	83	84	85	86	87	88	89	90
91	92	93	94	95	96	97	98	99	100

b) Finde immer **drei Zahlen**, die zusammen **100** ergeben.

2 + 36 + 62 = 100

4 Im Forscherheft fortsetzen.

1 a) 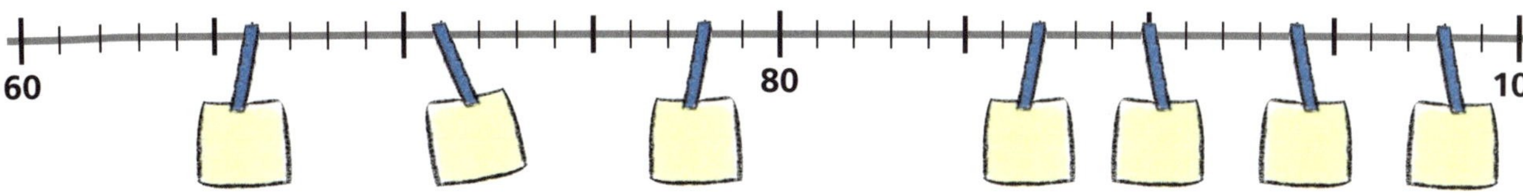

b) 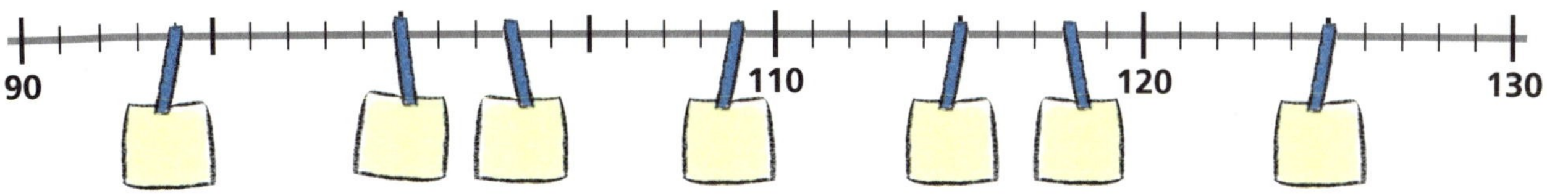

c) 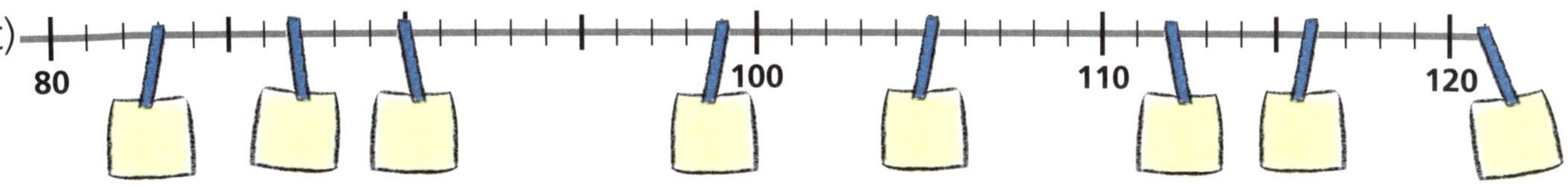

d) 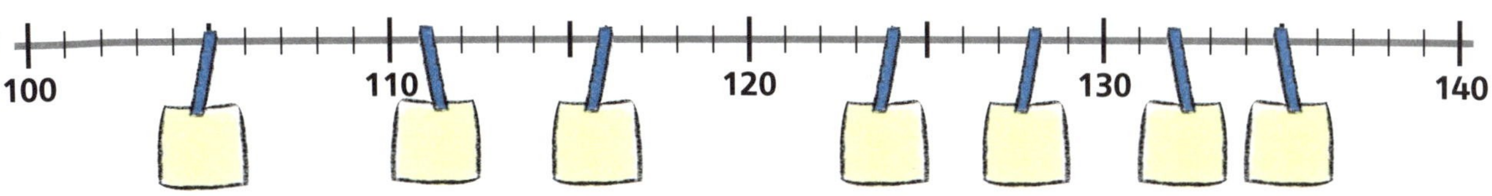

e) 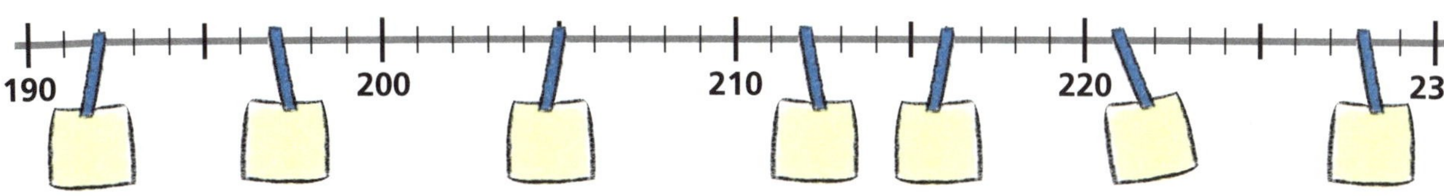

2 Ergänze bis 100.

a)	b)	c)
98 + ____ = 100	84 + ____ = 100	25 + ____ = 100
91 + ____ = 100	89 + ____ = 100	45 + ____ = 100
96 + ____ = 100	77 + ____ = 100	1 + ____ = 100
93 + ____ = 100	78 + ____ = 100	15 + ____ = 100

3 Welche Zahl liegt genau in der **Mitte**?

a) 

b) 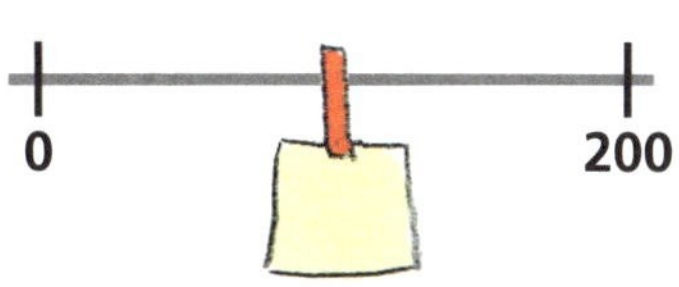

c) 

d) 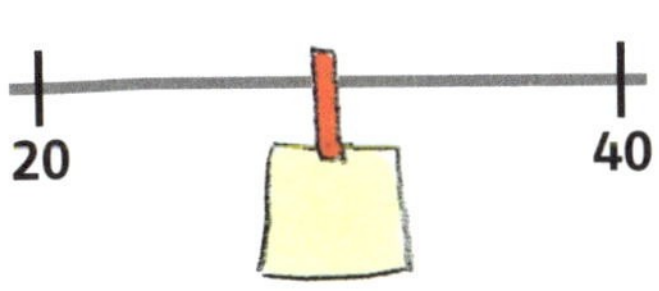

e) 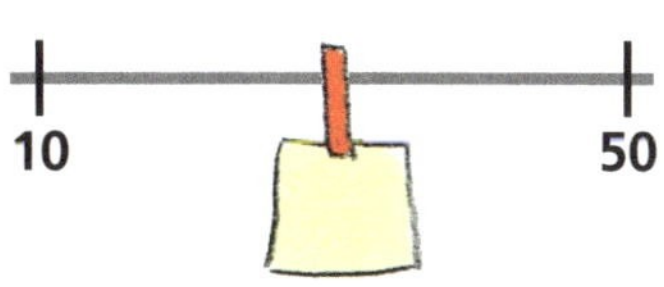

f) 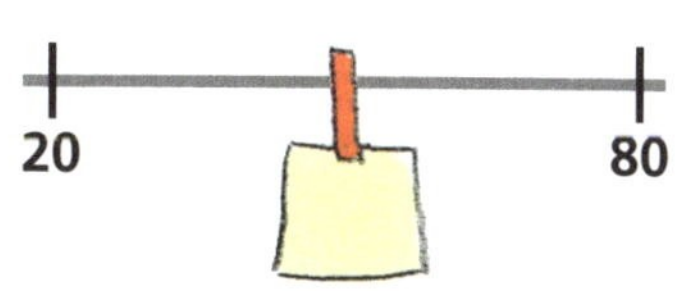

1 Setze die Zahlenfolgen fort. Finde jeweils die Regel.

a) 28, 32, 36, ___, ___, ___, ___, ___, ___, ___, 68

Regel: immer + ___

b) 66, 63, 60, ___, ___, ___, ___, ___, ___, ___, 36

Regel: ___

c) 6, 12, 18, ___, ___, ___, ___, ___, ___, ___, 66

Regel: ___

d) 5, 10, 8, 13, 11, ___, ___, ___, ___, ___, 20

Regel: ___

2 Geht es immer mit gleichen Zahlen?

a) 60 = 30 + ___ 60 = ___

60 = 12 + ___ 60 = ___

b) 80 = ___ 80 = ___

80 = ___ 80 = ___

c) 100 = ___ 100 = ___

100 = ___ 100 = ___

3 a) Immer $\xrightarrow{+4}$

44	→	48	→	52	→	☐
↓		↓		↓		↓
48	→	☐	→	☐	→	☐
↓		↓		↓		↓
☐	→	☐	→	☐	→	☐
↓		↓		↓		↓
☐	→	☐	→	☐	→	68

b) Immer $\xrightarrow{-6}$

78	→	☐	→	☐	→	☐
↓		↓		↓		↓
☐	→	☐	→	☐	→	☐
↓		↓		↓		↓
66	→	☐	→	☐	→	☐
↓		↓		↓		↓
☐	→	☐	→	☐	→	42

2 Diff: Im Forscherheft weitere Zerlegungen finden.

1 Dieses quadratische Blatt Papier wird entlang der Linien zweimal gefaltet.

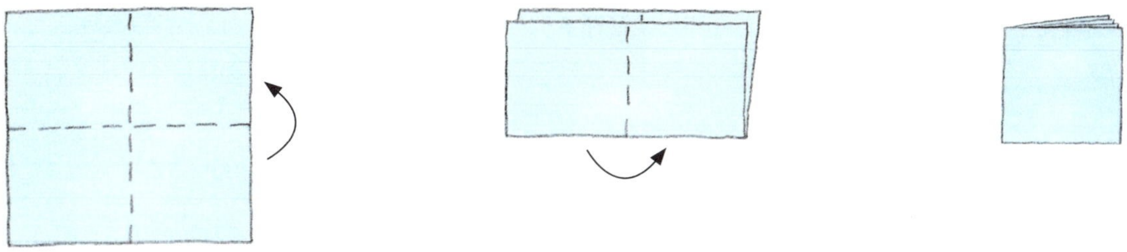

Nun werden diese Ecken herausgeschnitten.
Wie sieht das Blatt aufgefaltet aus? Zeichne ein.

a)

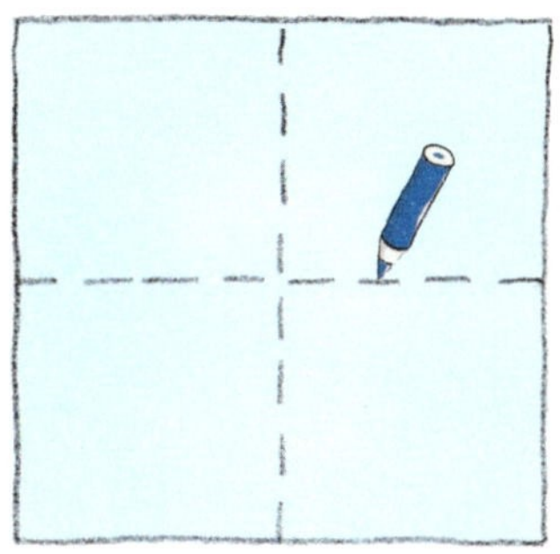

b)

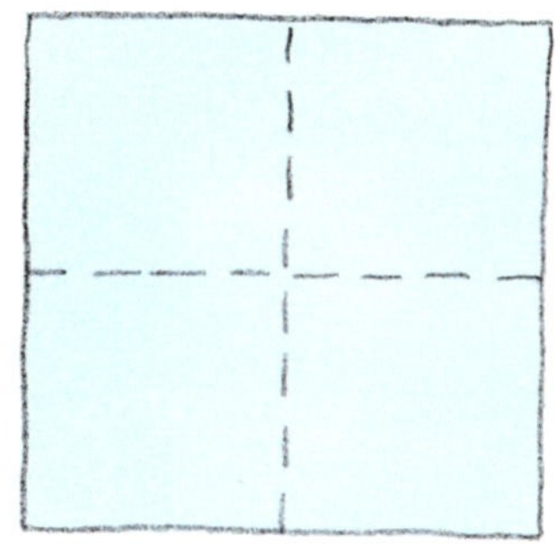

c)

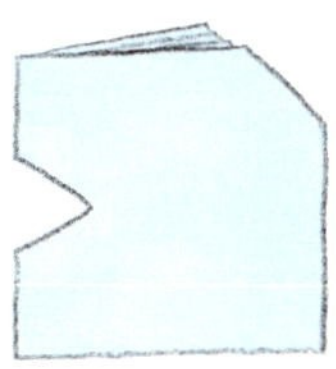

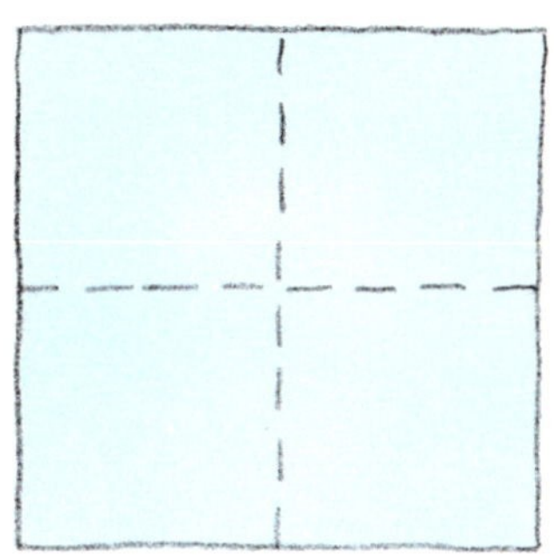

d)

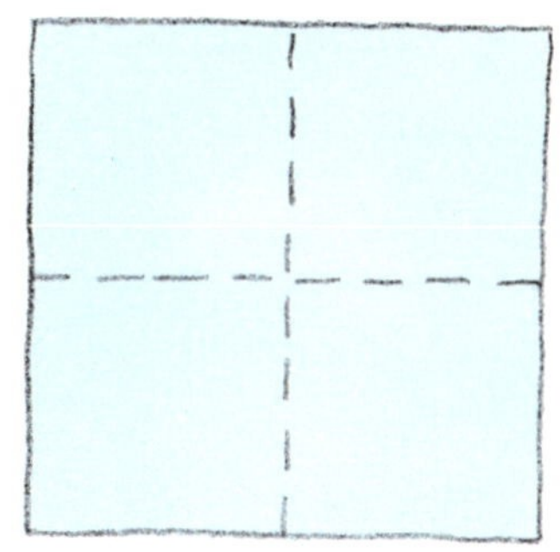

2 Welche Ecken müssen herausgeschnitten werden, damit das Blatt aufgefaltet so aussieht? Zeichne ein.

a)

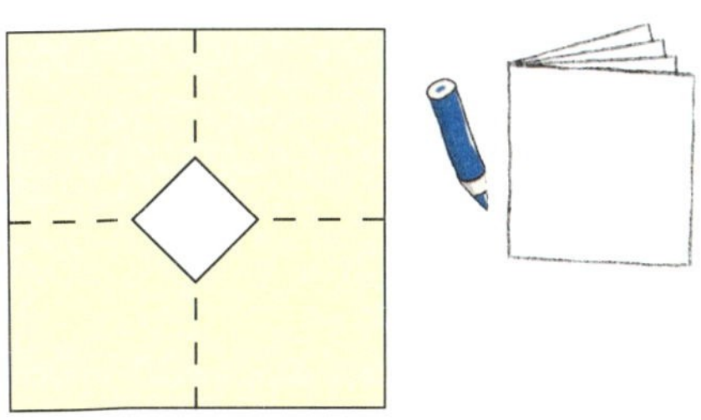

b)

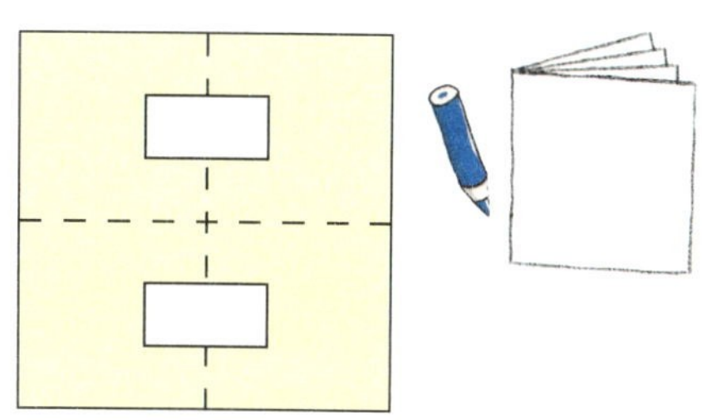

c)

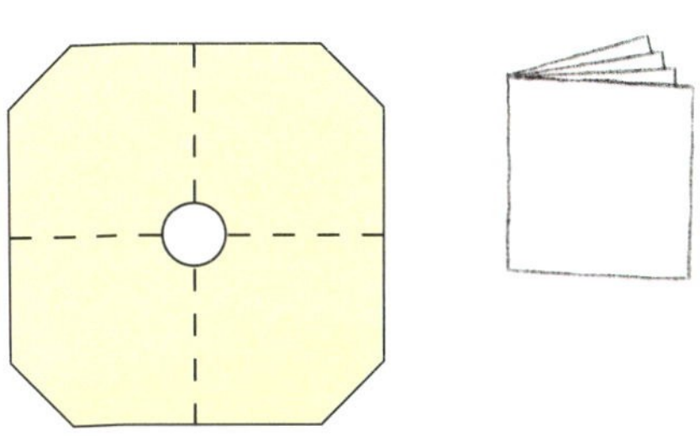

d)

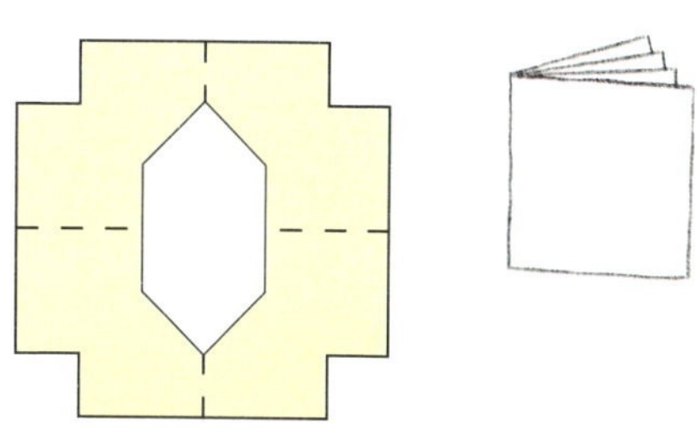

e)

1 und **2** Evtl. durch Schneiden und Falten kontrollieren.

1 Zeichne die Münzen. Finde verschiedene Möglichkeiten.

a) 18 ct — (10) (5) (2) (1)

b) 25 ct

c) 72 ct

d) Finde alle Möglichkeiten

13 ct

2 Wie viele Scheine und Münzen brauchst du mindestens? Zeichne.

a) 47 €

b) 83 €

c) 104 €

3 Wie viel Geld ist es?

zum Knobeln – Probiere – Radiere

a)

b)

c)

d)

1 d) Forscherheft nutzen.

1 Setze fort.

a)
6 + 90 = ___
16 + 80 = ___
26 + 70 = ___
36 + ___ = ___
___ + ___ = ___
___ + ___ = ___
___ + ___ = ___

b)
13 + 36 = ___
23 + 35 = ___
33 + 34 = ___
43 + ___ = ___
___ + ___ = ___
___ + ___ = ___
___ + ___ = ___

c)
61 + 39 = ___
51 + 37 = ___
41 + 35 = ___
31 + ___ = ___
___ + ___ = ___
___ + ___ = ___
___ + ___ = ___

2

a)
50 + 49 + ___ = 100
50 + 47 + ___ = 100
50 + 46 + ___ = 100
50 + 43 + ___ = 100
50 + 41 + ___ = 100

b)
25 + 70 + ___ = 100
20 + 60 + ___ = 100
15 + 50 + ___ = 100
10 + 40 + ___ = 100
5 + 30 + ___ = 100

c)
20 + ___ − 0 = 100
40 + ___ − 1 = 100
60 + ___ − 2 = 100
80 + ___ − 3 = 100
100 + ___ − 4 = 100

3 a) Setze das Aufgabenmuster fort. Rechne.

Was fällt dir auf? Erkläre.

___

___

b)

Was fällt dir auf? Erkläre.

___

___

Subtrahieren – Aufgabenmuster

1 Setze fort.

a)
100 – 5 = ___
90 – 10 = ___
80 – 15 = ___
70 – ___ = ___
___ – ___ = ___
___ – ___ = ___
___ – ___ = ___

b)
18 – 9 = ___
28 – 12 = ___
38 – 15 = ___
48 – ___ = ___
___ – ___ = ___
___ – ___ = ___
___ – ___ = ___

c)
24 – 11 = ___
34 – 22 = ___
44 – 33 = ___
54 – ___ = ___
___ – ___ = ___
___ – ___ = ___
___ – ___ = ___

2

a)
100 – 81 – ___ = 0
100 – 82 – ___ = 0
100 – 83 – ___ = 0
100 – 84 – ___ = 0
100 – 86 – ___ = 0

b)
80 – 30 – ___ = 20
85 – 35 – ___ = 20
90 – 40 – ___ = 20
95 – 45 – ___ = 20
100 – 50 – ___ = 20

c)
101 + 6 – ___ = 50
91 + 8 – ___ = 50
81 + 10 – ___ = 50
71 + 12 – ___ = 50
61 + 14 – ___ = 50

3

a) Wenn du 50 halbierst und dann 7 dazuzählst, erhältst du meine Zahl.
___

b) Meine Zahl erhältst du, wenn du 11 verdreifachst und dann minus 23 rechnest.
___

c) Wenn du 100 halbierst und davon 27 abziehst, erhältst du meine Zahl.
___

d) Meine Zahl ist das Doppelte der Hälfte von 50.
___

e) Wenn du zu 35 noch 45 plus rechnest und davon 30 abziehst, hast du meine Zahl
___

f) ___
24

g) ___
101

3 f) und g) eigenes Zahlenrätsel erfinden.

1 Finde jeweils eine passende Zahl.

a) 41 + ___ < 50
41 + ___ = 50
41 + ___ > 50

b) 35 + ___ < 50
35 + ___ = 50
35 + ___ > 50

c) 70 – ___ < 50
70 – ___ = 50
70 – ___ > 50

d) 63 – ___ < 50
63 – ___ = 50
63 – ___ > 50

2

a) 26 + ___ > 31
24 + ___ < 29
28 + ___ = 28

b) 32 + ___ < 40
39 + ___ > 43
37 + ___ > 45

c) 19 – ___ > 10
23 – ___ < 14
25 – ___ = 16

d) 42 – ___ > 41
44 – ___ < 30
48 – ___ < 10

3 <, > oder =?

a) 25 + 24 ◯ 50
28 + 24 ◯ 50
23 + 27 ◯ 50

b) 75 ◯ 20 + 60
75 ◯ 50 + 25
75 ◯ 35 + 46

c) 100 ◯ 180 – 90
100 ◯ 250 – 140
100 ◯ 550 – 450

4

(ist gleich 70) (ist gleich)

a) 45 + 25 ◯ 83 – 13
21 + 14 ◯ 67 – 25
95 – 35 ◯ 34 + 19

b) 110 – 12 ◯ 86 + 14
53 + 18 ◯ 104 – 33
120 + 28 ◯ 200 – 65

5 Ergänze die Rechenquadrate.

34	26
42	

57	43
	19

28	
46	34

	15
22	68

6 Erfinde jeweils zwei Rechenquadrate.

a) mit dem Ergebnis 75.

b) mit dem Ergebnis 105.

1 Die liebsten Pausenspiele der Kinder der Jim-Knopf-Schule. Vervollständige.

a)

Klasse	Fußball	Tischtennis	Klettergerüst	Schaukel	Sandkiste	andere Spiele	zusammen
1 a	6	2	3	4	3		20
1 b	3	–	5	3	4		
2 a	4			5	3	–	21
2 b	5	7		–	3	3	20
3 a	2	5	4	4	2	2	
3 b	1	3	7		2	3	19
4 a	3	4	3	3	1	4	
4 b	8	3	4	1	–	2	
zusammen		28				19	

b) A Wie viele Kinder der beiden ersten Klassen spielen Fußball? ______

B Welches Pausenspiel wird am liebsten gespielt? ______

C Welches Pausenspiel mögen die wenigsten Kinder? ______

D Wie viele Kinder sind in Klasse 3 a? ______

E Welches Pausenspiel mag nur ein Kind im 4. Schuljahr? ______

F Schreibe und beantworte eigene Fragen.

c) Fertige ein Diagramm zu den Pausenspielen aller Kinder der Schule an.

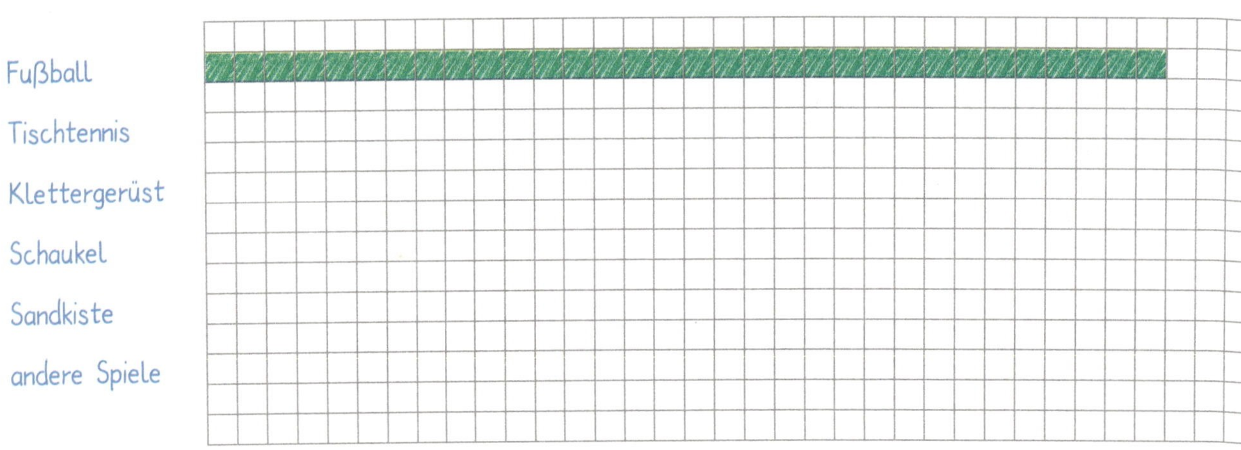

2 Mache eine eigene Umfrage an deiner Schule.

1 b) E Mehrere Antworten sind möglich.
1 b) F Forscherheft nutzen

1 Triffst du genau die 75? Vermute und begründe erst.

a) 

Ja, weil ______________________

____

Immer **plus 5**.

25, 30, ______________________

b) 

____

____

Immer **plus 15**.

0, ______________________

c) 

____

____

Immer **minus 4**.

100, ______________________

2 

a)

27 + 20 = ___
24 + 25 = ___
21 + 30 = ___
18 + ___ = ___
___ + ___ = ___
___ + ___ = ___

b)

36 + 52 = ___
30 + 54 = ___
24 + 56 = ___
18 + ___ = ___
___ + ___ = ___
___ + ___ = ___

e) Welches Päckchen beschreibt Tom?

Das Ergebnis bleibt gleich, weil die erste und die zweite Zahl immer um 10 größer werden.

c)

120 – 25 = ___
130 – 35 = ___
140 – 45 = ___
150 – ___ = ___
___ – ___ = ___
___ – ___ = ___

d)

15 – 9 = ___
30 – 18 = ___
45 – 27 = ___
60 – ___ = ___
___ – ___ = ___
___ – ___ = ___

d) Beschreibe ein Päckchen:

____

____

____

____

1 a) 3, ~~5~~, 6, 7, 8, 9 — Summe: 20 — rechts unten: 5

b) 2, 4, ~~6~~, 8, 9, 11 — Summe: 21 — unten Mitte: 6

c) 2, 4, 6, 8, 16, 20 — Summe: 30

d) 5, 6, 8, 9, 14, 15 — Summe: 28

e) 1, 5, 11, 15, 16, 20 — Summe: 36

f) 6, 8, 12, 14, 14, 20 — Summe: 40

2 Setze fort. Was stellst du fest?

a)

oben	links Mitte	rechts Mitte	links unten	unten Mitte	rechts unten
3	2	6	5	4	1
3	4	8	5	6	1
3	6		5	8	1
3			5		1

____

b)

oben	links Mitte	rechts Mitte	links unten	unten Mitte	rechts unten
3	4	8	5	6	1
4	5	9	6	7	2
5	6				

____

1 Wer ist wer?

________ ________ ________

Finn ist blond.
Mia ist in der 2. Klasse.
Finn hat sehr kurzes Haar.
Leni hat dunkles Haar.
Mia trägt Zöpfe.

2 Welches Tier gehört Emma?

Emmas Tier hat zwei Beine.
Hansi hat blaue Federn.
Mias Tier hat braunes Fell.
Bens Tier kann sprechen.

Gaga Hansi Mümmel

________ ________ ________

3 Wo sitzt Nele?

______ ______ ______ ______

Anna sitzt nicht neben Sarah und nicht neben Leni.
Leni sitzt an Sarahs linker Seite am Rand.

4 Male an.

Der linke Zwerg hat einen roten Anzug.
Der Zwerg mit dem grünen Anzug sieht nach links.
Der Zwerg daneben hat eine blaue Mütze und einen gelben Anzug.
Ein Zwerg trägt eine grüne Mütze.
Zwerg Nase im roten Anzug hat eine rote Mütze.

5 Wie heißen die Hunde?

Fiete hat keinen Ball.
Der Hund mit der Maus sitzt nicht neben Fiete.
Wauzi sitzt neben dem braunen Hund.
Bobby ist am weitesten vom schwarzen Hund entfernt.
Fiete sitzt neben dem weißen Hund.

________ ________ ________

1

a)

+	8	17	19
16	24		
19			
27			

b)

−	9	18	26
42			
54			
83			

c)

+	26	53	85
44			
19			
47			

d)

−	7	18	16
35			
43			
52			

e)

+	14	26	32
59			
68			
75			

f)

−	15	32	41
41			
63			
94			

2

a)

+		32	66
45	60		
		65	99
53		85	

b)

−	11		38
	77		50
76		51	
			62

c)

+	60		
25		105	
	110		
60			115

d)

−	26		62
73		40	
81			
	72		36

e)

+	17	36	
28			
	55		
47			76

f)

−	15		27
	73		
69		17	
			66

3

a) Immer $\xrightarrow{+15}$

15 →	30 →	45
30 →	□ →	□
□ →	□ →	□
□ →	□ →	90

b) Immer $\xrightarrow{-9}$

99 →	90 →	□
□ →	81 →	□
□ →	□ →	□
□ →	□ →	54

c) Immer $\xrightarrow{+16}$

□ →	20 →	□
20 →	□ →	□
□ →	□ →	□
□ →	□ →	84

1 Finde die Frage. Rechne. Antworte.

a) In der Spielekiste sind 48 Springseile und halb so viele Reifen.

Frage: ____________________

Antwort: ____________________

b) Die Klasse 2 a hat 14 Fußbälle, Klasse 2 b hat nur halb so viele, Klasse 2 c hat doppelt so viele.

Frage: ____________________

Antwort: ____________________

c) Erfinde eigene Rechengeschichten.

2 Auf dem Spielplatz stehen City-Roller und Kick-Boards. Insgesamt sind es 15. Sie haben zusammen 37 Rollen.

Frage: ____________________

Antwort: ____________________

3 Welche Zahlen passen?

a) 22, 37, 43, 59, 65, 80

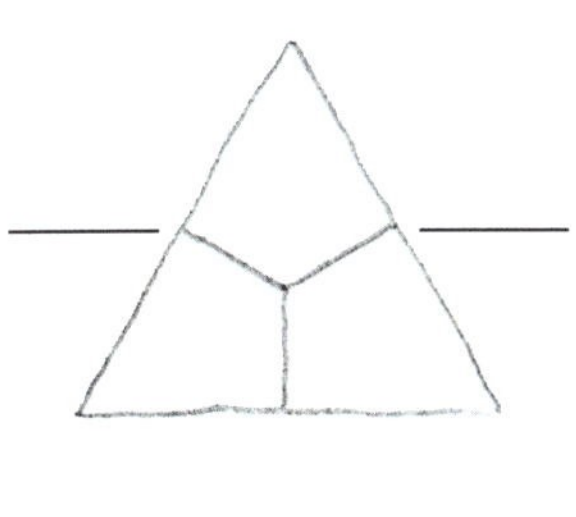

b) 18, 36, 54, 64, 82, 100

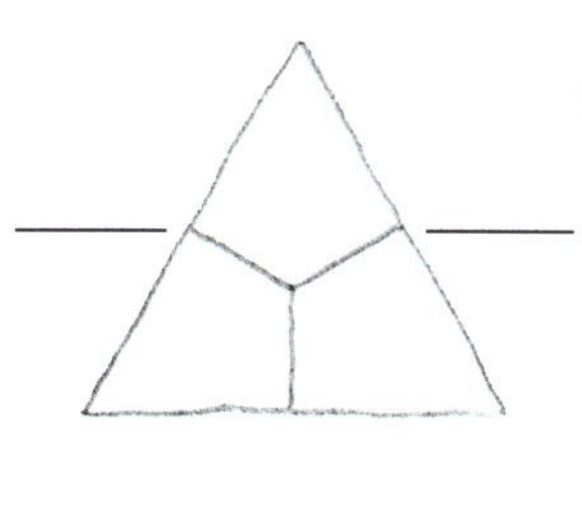

c) 21, 27, 48, 49, 70, 76

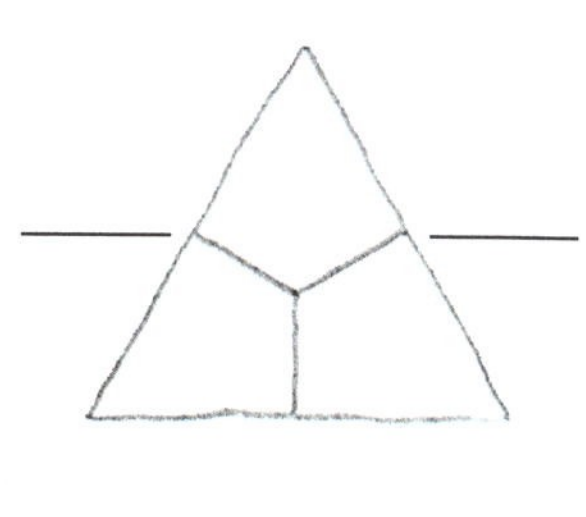

1 a), b) Verschiedene Fragen sind möglich. c) Forscherheft nutzen.

Verdoppeln und Halbieren

1

a) 2 → verdoppele → ☐ → verdoppele → ☐ → verdoppele → ☐ → verdoppele → ☐

b) 5 → verdoppele → ☐ → verdoppele → ☐ → verdoppele → ☐ → verdoppele → ☐

c) 3 → verdoppele → ☐ → verdoppele → ☐ → verdoppele → ☐ → verdoppele → ☐

d) 10 → verdoppele → ☐ → verdoppele → ☐ → verdoppele → ☐ → verdoppele → ☐

2 Halbiere so oft es geht.

a) 24   b) 32   c) 80   d) 112

3 Male die Zahl und ihr Dreifaches in der gleichen Farbe an.

22   6   0   32   7   80   130

18   21   240   66   0   390   96

4

a) Meine Zahl ist das Dreifache von 4.

b) Wenn du die Zahl 2 verdoppelst und dann das Zehnfache nimmst, erhältst du meine Zahl.

c) Die Hälfte von 16 ist das Doppelte meiner Zahl.

d) 36

4 Diff: Im Forscherheft weitere eigene Zahlenrätsel erfinden.

1 Baue nach. Von welcher Seite sind die Ansichten gezeichnet?

a)

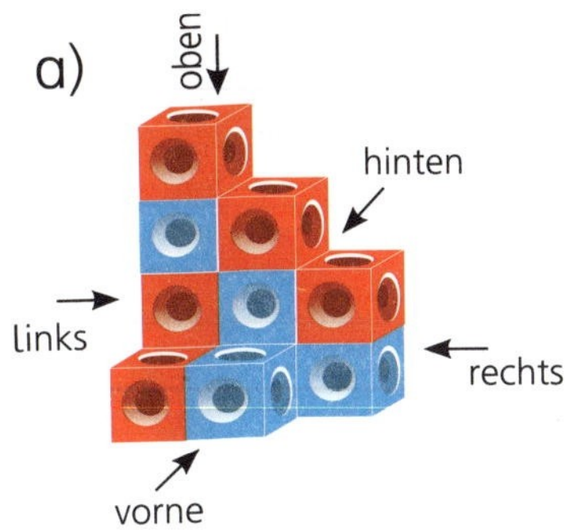

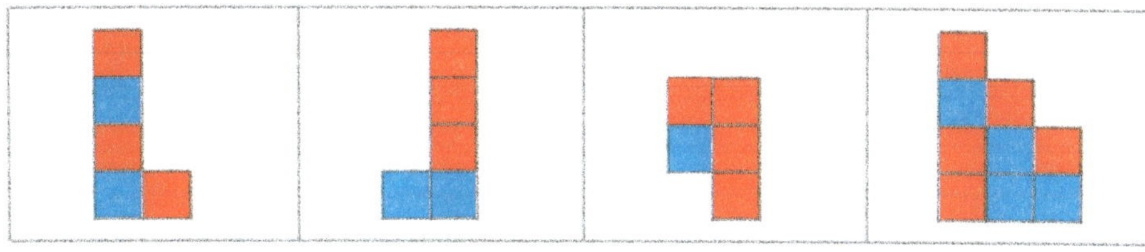

von links	______	______	von vorne

b)

______	______	______	______

2 Hier sind Ansichten eines Gebäudes von verschiedenen Seiten gezeichnet.
Baue das Gebäude nach und zeichne die fehlende Ansicht.

a)

von vorne	von oben	von links	von hinten	von rechts

b)

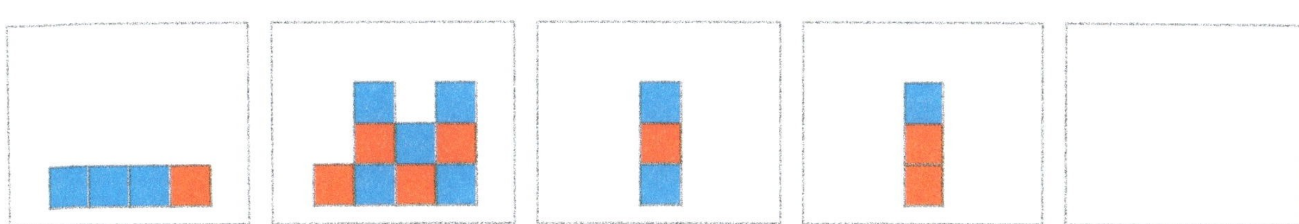

von oben	von hinten	von links	von rechts	______

c)

von oben	von vorne	von rechts	von hinten	______

1 a) Wie viele Steckwürfel sind es jeweils? Rechne geschickt.

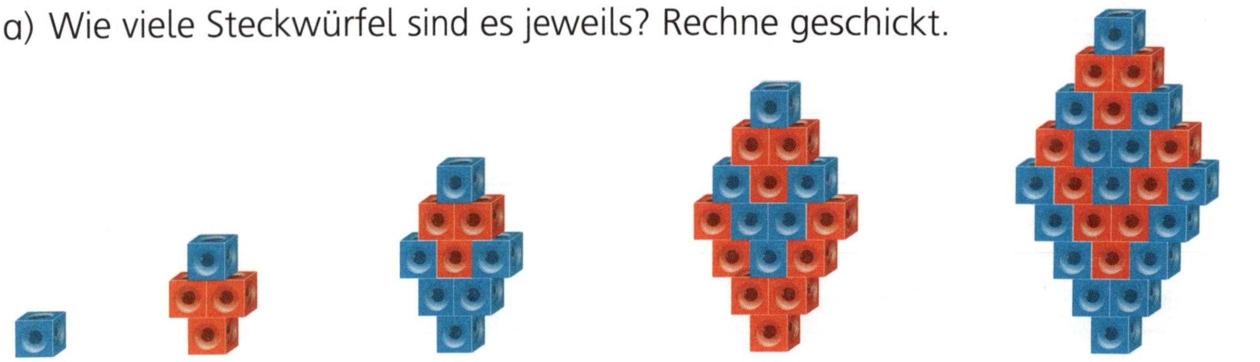

1   1+3   ______   ______   ______

b) Wie viele Steckwürfel hat die **siebte Figur**?

2 a) Rechne auch hier geschickt die Anzahl der Würfel aus.

______   ______   ______

b) Wie viele Würfel sind es, wenn das „H" acht Würfel breit ist?

3 a) Wie viele Seitenflächen der Würfel siehst du?

A

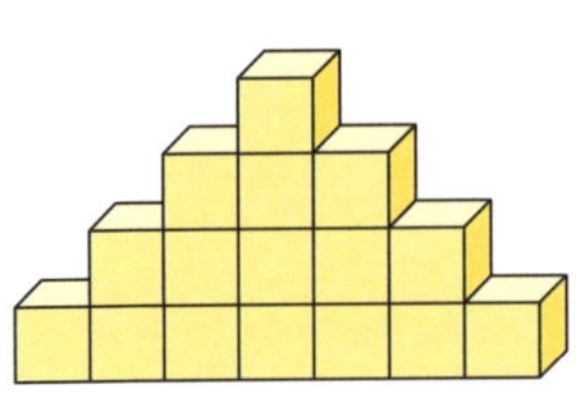

____ Seitenflächen

B

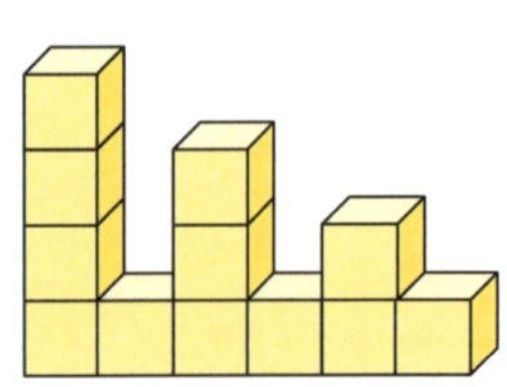

____ Seitenflächen

C

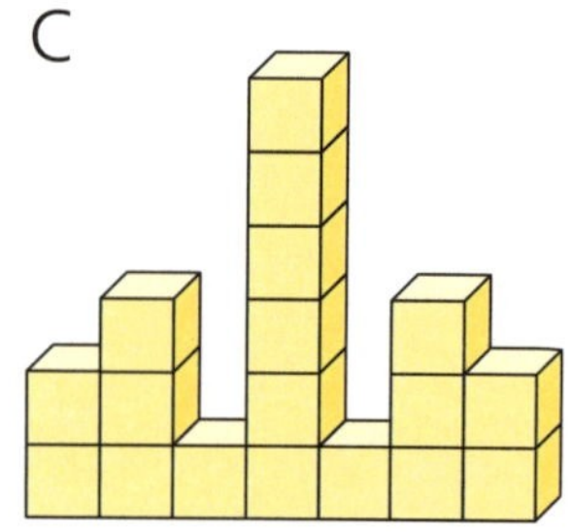

____ Seitenflächen

b) Stelle dir vor, du würdest um jedes Gebäude einmal rund herum gehen. Wie viele Seitenflächen könntest du dann sehen?

A: ____ Seitenflächen   B: ____ Seitenflächen   C: ____ Seitenflächen

1 Welche Malaufgaben kennst du schon?

2 · 8 =   10 · 100 =

2 Baue das Muster um zu einem Quadrat oder Rechteck.
Schreibe die passende Multiplikationsaufgabe.

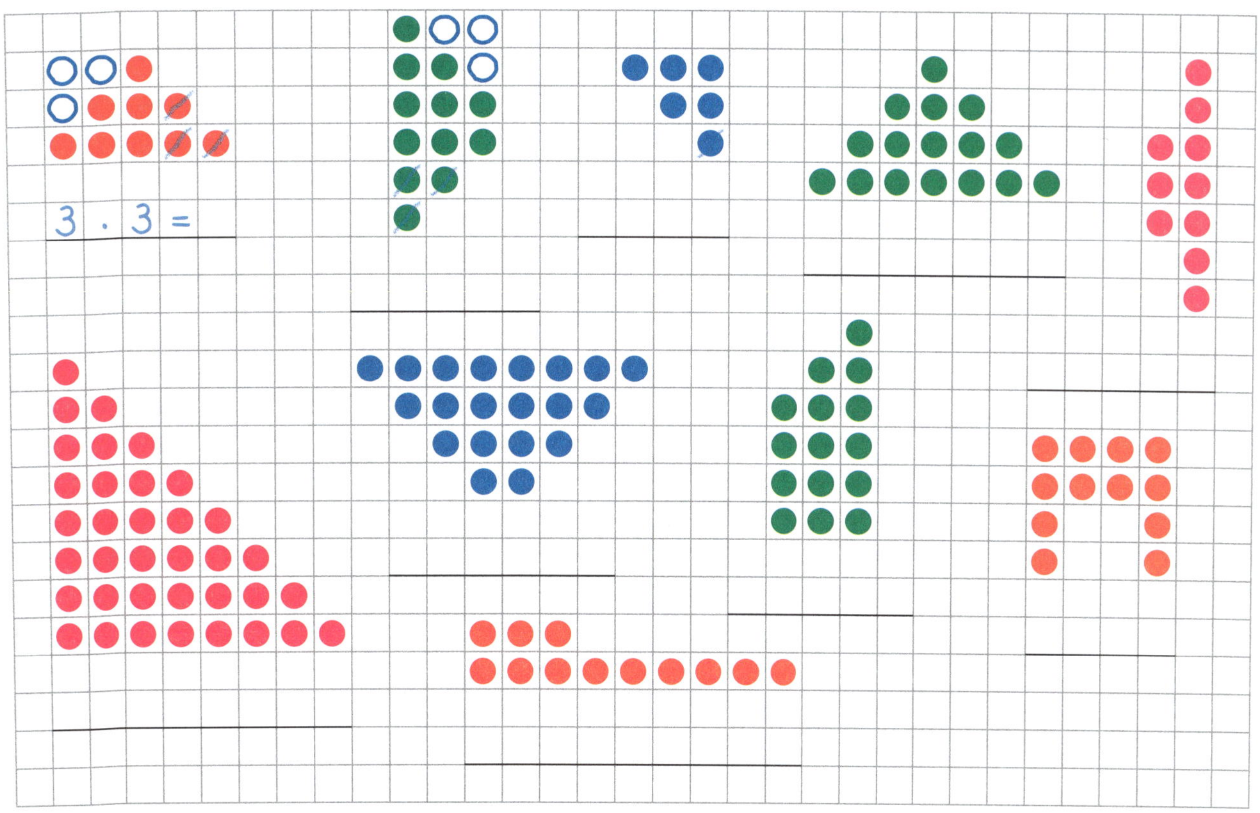

3 Rechne.

a) 5 + 5 + 5 + 5 = 4 · 5 = ______

b) 9 + 9 + 9 + 9 + 9 = ______

c) 4 + 4 + 4 + 6 + 4 + 2 = ______

d) 11 + 11 + 11 = ______

e) 3 + 3 + 3 + 3 + 3 + 3 + 3 + 1 + 3 = ______

f) 13 + 13 = ______

g) 7 + 7 + 7 + 7 + 7 = ______

h) 6 + 6 + 3 + 6 + 6 + 6 = ______

3 Zwei Aufgaben sind mit Rest.

1 Rechne auf zwei verschiedenen Wegen.

a) 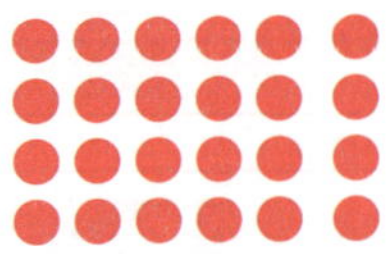

4 · 6 = ____

6 ____

b) 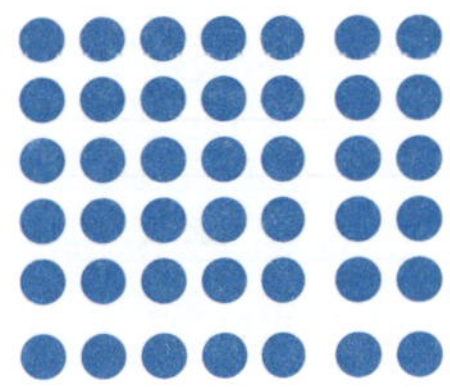

c) 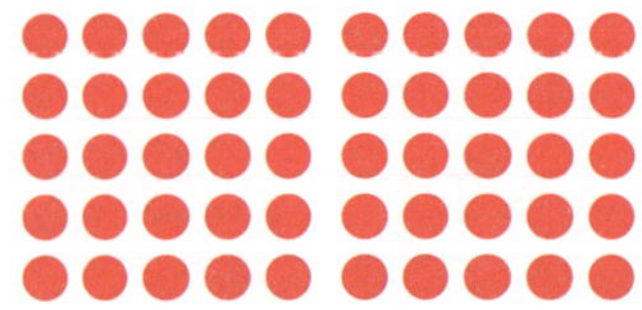

d) 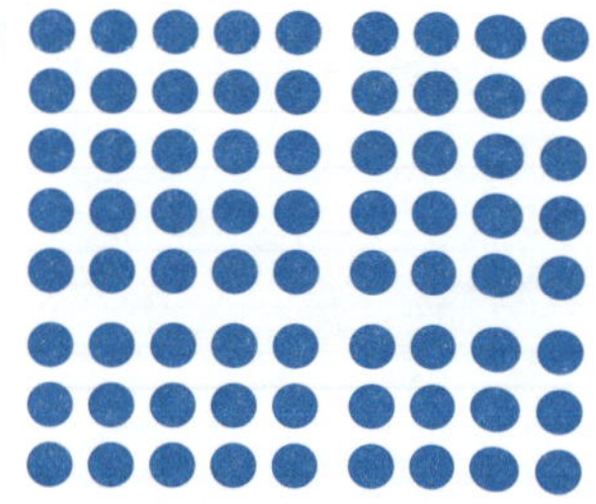

2 Bilde zuerst zwei Teilaufgaben.

a) 

5 · 3 = ____

3 · 3 = ____

8 · 3 = ____

b) 

c) 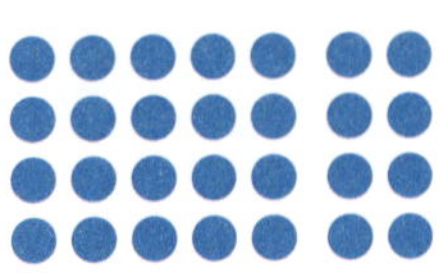

d) 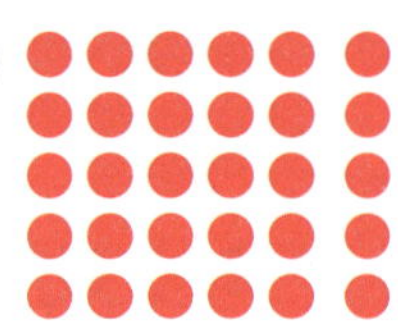

3 Bilde auch hier zuerst Teilaufgaben.

a) 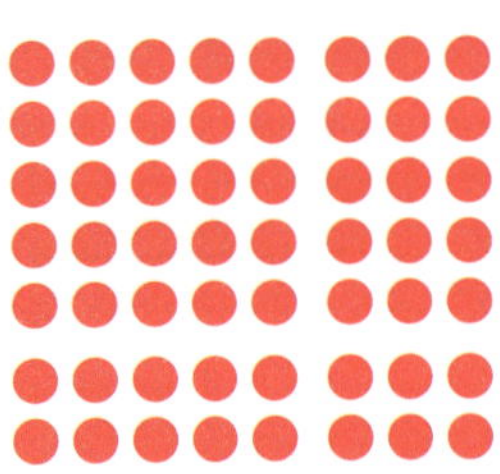

b) 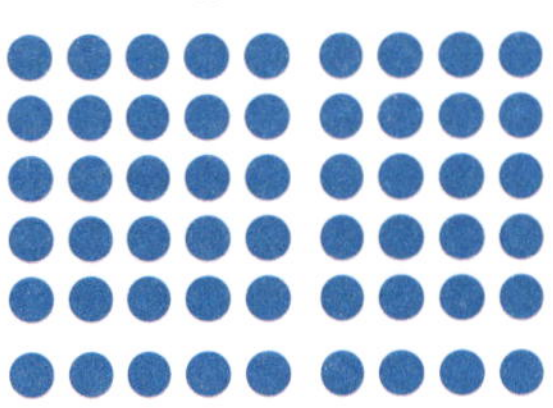

c) 

d) 

4 Male eigene Punktefelder und bilde Malaufgaben dazu.

1 Jana räumt ihr Sockenfach auf.

a) Sie legt alle passenden Socken zu Paaren zusammen und hat dann 23 Paare. Wie viele einzelne Socken sind das?

b) Zum Schluss bleiben noch sieben einzelne Socken übrig. Wie viele Socken waren insgesamt im Sockenfach?

2 Finde zu jeder Zahl sechs Multiplikationsaufgaben.

a) 40

$8 \cdot 5 = 40$

b) 60

c) 100

3

a) 

Seine Zahl heißt .

b) 

c) 

d) 

Ihre Zahl

e) 

f) 

1 Philipp hat 17 €. Wie viele Bücher kann er kaufen?

Antwort: ____________________

2 a) Wie teuer sind alle Mathe-CD-Roms und Denkspiele-CD-Roms zusammen?

Antwort: ____________________

b) Lisa hat vier 10-€-Scheine. Sie kauft sich zwei CD-Roms.
Welche CD-Roms könnten es sein? Bekommt sie Geld zurück?

Antwort: ____________________

3 a) (zuerst 3 · 5 €)

3 · 5 € + 3 € = ___ €

3 · 10 € + 3 € = ___

6 · 5 € + 6 € = ___

b) (20 € + 60 €)

4 · 5 € + 6 · 10 € = ___ €

5 · 5 € + 5 · 10 € = ___

6 · 5 € + 4 · 10 € = ___

1 Nach dem Sportunterricht sollen die Bälle eingesammelt werden.
Dabei kommen immer gleich viele Bälle zusammen in ein Netz

a) Wie viele Möglichkeiten findest du für **30 Bälle**?

b) Welche Möglichkeiten findest du, wenn für **24 Bälle** höchstens sieben Netze benutzt werden dürfen?

a)

b)

2 Finde zu jeder Zahl vier Divisionsaufgaben.

a) 48 b) 60 c) 80 d) 110

48 : ____

3 Setze fort.

a)
55 : 5 = ___
60 : 5 = ___
65 : 5 = ___
70 : ___ = ___
___ : ___ = ___

b)
180 : 20 = ___
160 : 20 = ___
140 : ___ = ___
___ : ___ = ___
___ : ___ = ___

c)
60 : 2 = ___
60 : 3 = ___
60 : 4 = ___
___ : ___ = ___
___ : ___ = ___

4 Zeichne die Figuren **in einem Zug**.

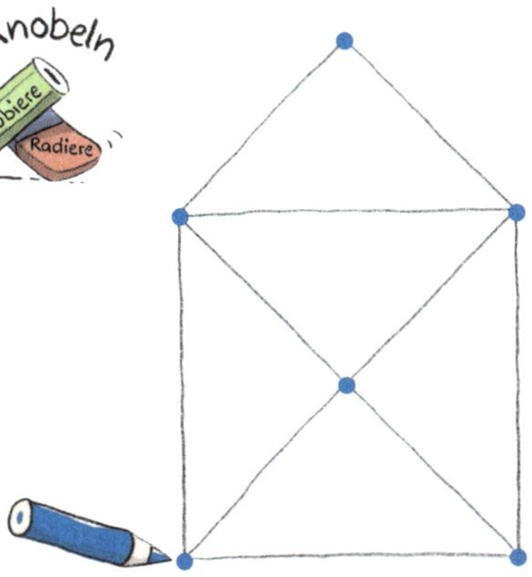

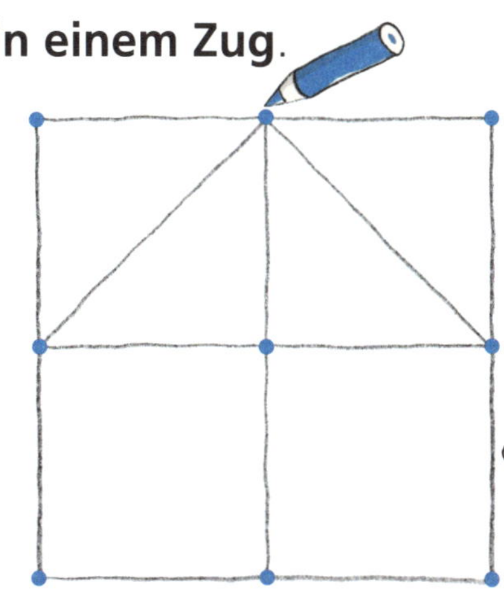

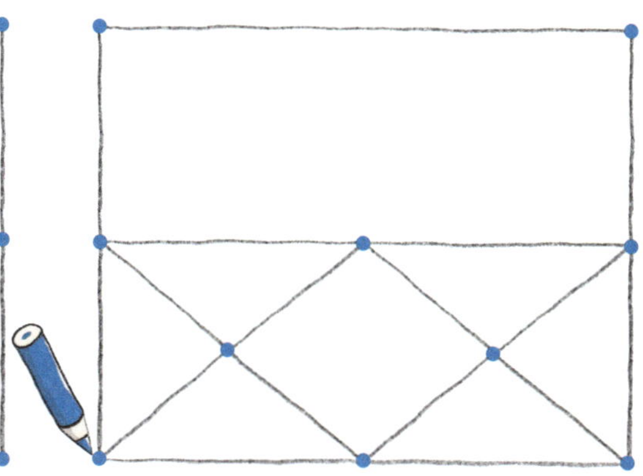

Dividieren und Multiplizieren – Umkehraufgaben

1 Bilde aus den Zahlen Malaufgaben und ihre Umkehraufgaben.

2 11 4 10 7 15

8 12 5 6 3 9

$2 \cdot 5 = 10$ Umkehraufgabe: $10 : 5 = 2$

2 a) Im Bild sind große und kleine Quadrate.
Wie viele Quadrate findest du?

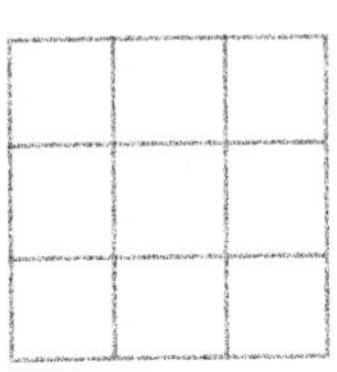

Mache eine Strichliste ||||.

b) Im Bild findest du auch große und kleine Rechtecke.
Wie viele Rechtecke findest du?

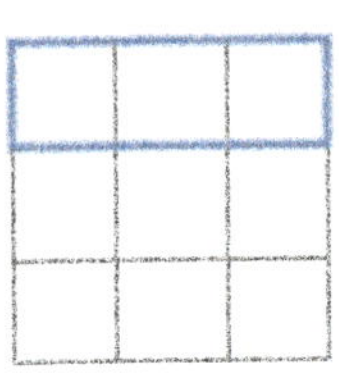

1

a) Welche Möglichkeiten haben die 22 Kinder der 2a, sich so in die Boote zu verteilen, dass kein Platz frei bleibt?

b) Zwei Viererboote sind kaputt.
Welche Möglichkeiten gibt es jetzt?

c) Wie können sich die 15 Kinder der 2b in möglichst wenige Boote verteilen?

8 + 8 + 4 + 2 = 22

2 Wie viele Kinder passen in die Boote? Fülle die Tabellen aus.

a) Zweier-Boote

Boote	11	12	13	14	15	20	21	25	30
Kinder	22								

b) Vierer-Boote

Boote	11	12		14	15		21		
Kinder	44		52			80		100	120

c) Achter-Boote

Boote		12	13	14		20		25	
Kinder	88	96			120		168		240

1 a) Lege einen Stab um, dann stimmt die Aufgabe.

b) Nimm zwei Stäbe weg, dann stimmt die Aufgabe.

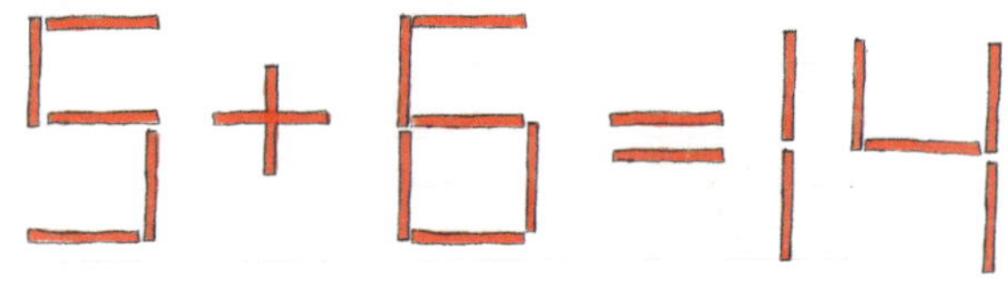

2 a) Lege einen Stab um, dann stimmt die Aufgabe.

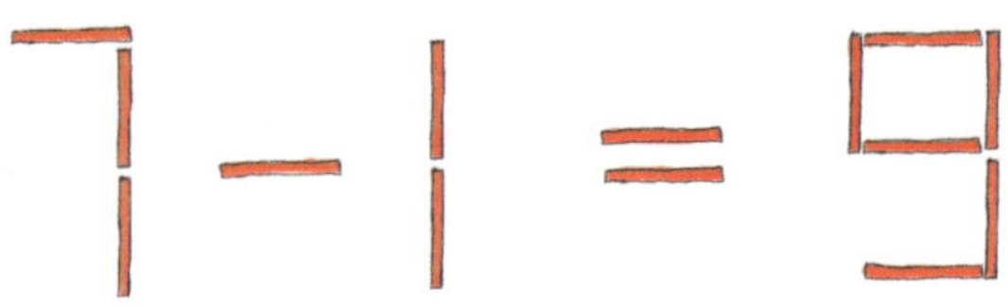

b) Lege zwei Stäbe dazu, damit die Aufgabe stimmt.

3 a) Lege einen Stab um, dann stimmt die Aufgabe.

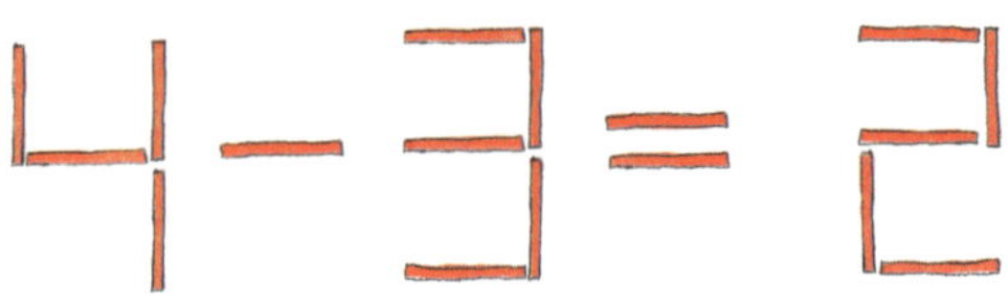

b) Lege zwei Stäbe um, damit die Aufgabe stimmt.

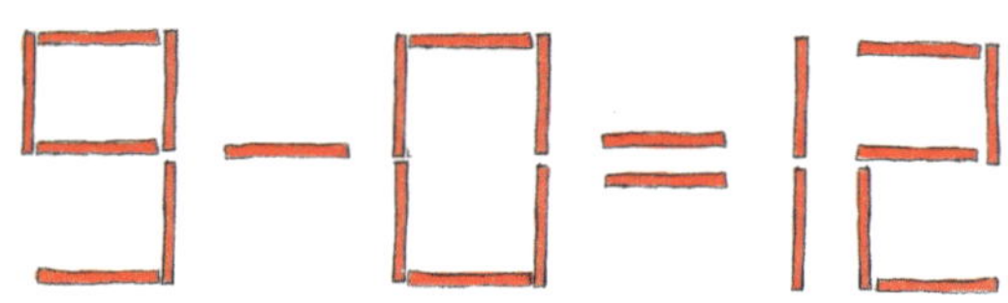

4 a) Nimm zwei Stäbe weg, dann stimmt die Aufgabe.

b) Lege zwei Stäbe um, damit die Aufgabe stimmt.

5 a) Nimm drei Stäbe so weg, dass vier Quadrate übrig bleiben.

b) Nimm vier Stäbe so weg, dass drei Quadrate übrig bleiben.

1 Trage passende Rechenzeichen ein.

a)
4 ◯ 4 ◯ 4 = 20
4 ◯ 4 ◯ 4 = 64
4 ◯ 4 ◯ 4 = 12
4 ◯ 4 ◯ 4 = 4
4 ◯ 4 ◯ 4 = 5

b)
5 ◯ 5 ◯ 5 = 30
5 ◯ 5 ◯ 5 = 20
5 ◯ 5 ◯ 5 = 15
5 ◯ 5 ◯ 5 = 5
5 ◯ 5 ◯ 5 = 6

c)
8 ◯ 8 ◯ 8 = 72
8 ◯ 8 ◯ 8 = 56
8 ◯ 8 ◯ 8 = 24
8 ◯ 8 ◯ 8 = 8
8 ◯ 8 ◯ 8 = 9

2

a)
2 ◯ 2 ◯ 2 ◯ 2 = 16
2 ◯ 2 ◯ 2 ◯ 2 = 10
2 ◯ 2 ◯ 2 ◯ 2 = 8
2 ◯ 2 ◯ 2 ◯ 2 = 6
2 ◯ 2 ◯ 2 ◯ 2 = 0

b)
4 ◯ 4 ◯ 4 ◯ 4 = 16
4 ◯ 4 ◯ 4 ◯ 4 = 68
4 ◯ 4 ◯ 4 ◯ 4 = 8
4 ◯ 4 ◯ 4 ◯ 4 = 24
4 ◯ 4 ◯ 4 ◯ 4 = 60

3 **15** kann ich in fünf Nachbarzahlen zerlegen.

15 = 1 + 2 + 3 + 4 + 5

a) Zerlege in fünf Nachbarzahlen.

20	=	☐	+	☐	+	☐	+	☐	+	☐
30	=	☐	+	☐	+	☐	+	☐	+	☐
45	=	☐	+	☐	+	☐	+	☐	+	☐
☐	=	☐	+	☐	+	☐	+	☐	+	☐

b) Zerlege in sechs Nachbarzahlen.

21	=	☐	+	☐	+	☐	+	☐	+	☐	+	☐
☐	=	☐	+	☐	+	☐	+	☐	+	☐	+	☐
☐	=	☐	+	☐	+	☐	+	☐	+	☐	+	☐
☐	=	☐	+	☐	+	☐	+	☐	+	☐	+	☐
☐	=	☐	+	☐	+	☐	+	☐	+	☐	+	☐

1 Teilweise mehrere Lösungen möglich; 2 a) Entdeckungen im Forscherheft beschreiben

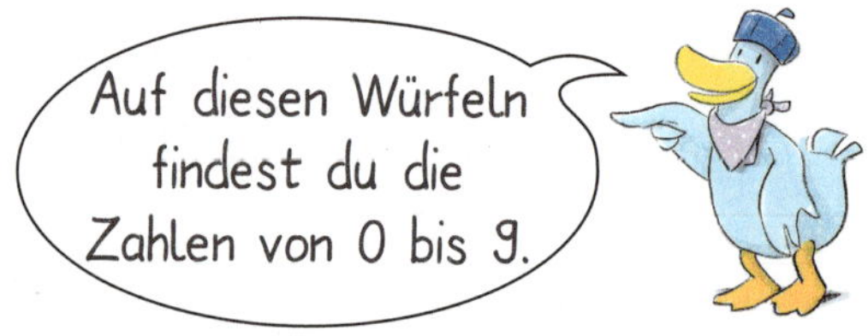

1 Johanna würfelt mit den beiden Zehnerwürfeln.
Welche Ergebnisse kann sie erzielen? Probiere es aus.

2 Emil behauptet: „Das Ergebnis 15 kommt viel öfter vor als das Ergebnis 17.“
Kann das stimmen? Begründe.

3 Mona würfelt mit drei Zehnerwürfeln.
a) Welche Ergebnisse sind möglich?

b) Überprüfe die Aussagen. Kreuze an.

	sicher	möglich	unmöglich
A „Ich erziele insgesamt das Ergebnis 26.“			
B „Mein Ergebnis liegt unter 31.“			
C „Ich würfele immer eine 10.“			
D „Mein Ergebnis ist Null.“			
E „Mein Ergebnis liegt über 30.“			

Würfelexperimente selbst durchführen.

sicher	möglich aber nicht sicher	unmöglich

1 Emma kann die Fische nicht sehen.
Sie angelt nur **einmal**. Kreuze an. ⊗

Sie angelt

	sicher	möglich	unmöglich
A einen roten Fisch			
B einen gelben Fisch			
C einen blauen Fisch			
D eine Krake			
E einen Fisch			

● **2** Welches Aquarium passt? Trage ein.

A  B  C  D 

„Es ist sicher, dass ich einen roten Fisch angele."	
„Es ist möglich, dass ich einen grünen Fisch angele."	
„Es ist unmöglich, dass ich einen grünen Fisch angele."	
„Es ist sicher, dass ich einen grünen Fisch angele."	
„Es ist möglich, dass ich einen roten Fisch angele."	

● **3** Male passende Fische.

a) „Es ist sicher, dass ich einen blauen Fisch angele."

b) „Es ist unmöglich, dass ich einen roten Fisch angele."

c) „Es ist möglich, dass ich einen grünen Fisch angele."

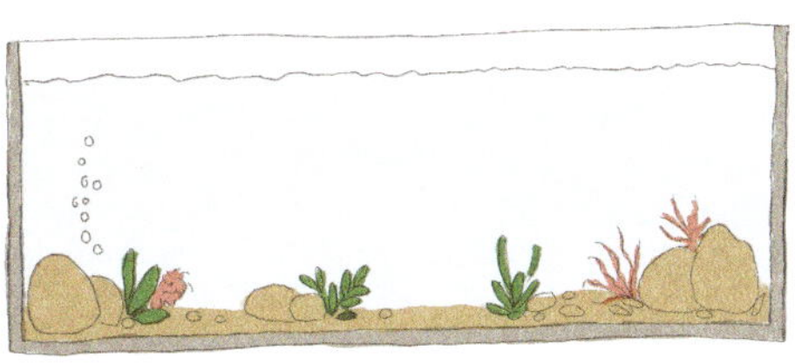

d) „Es ist möglich, dass ich einen gelben oder blauen Fisch angele."

2 Teilweise mehrere Lösungen.

1 Setze fort.

a)
16 : 1 = ___
16 : 2 = ___
16 : 4 = ___
16 : ___ = ___
___ : ___ = ___

b)
3 : 3 = ___
6 : 3 = ___
12 : 3 = ___
___ : 3 = ___
___ : ___ = ___

c)
81 : 9 = ___
64 : 8 = ___
49 : 7 = ___
___ : ___ = ___
___ : ___ = ___

2 a) Es sollen 48 Kekse an Kinder verteilt werden.

Kinder	1	2	3	4	5	6	7	8
jedes Kind bekommt	48							
Rest	0							

b) Nun sind 56 Kekse zu verteilen.

Kinder	1	2	3	4	5	6	7	8
jedes Kind bekommt	56							
Rest	0							

3 Wie viele Möglichkeiten gibt es? Schreibe Aufgaben.

a) 16 Kekse sollen gerecht verteilt werden.

b) 17 Kekse sollen gerecht verteilt werden.

c) 36 Kekse sollen gerecht verteilt werden.

d) 64 Kekse sollen gerecht verteilt werden.

1 Paul legt mit Stäben Dreiecke.
Setze fort.

Reihen	1	2	3	4	5
Kleine Dreiecke	1	4			
Anzahl der Stäbe	3				

1. Reihe

2. Reihe

3. Reihe

4. Reihe

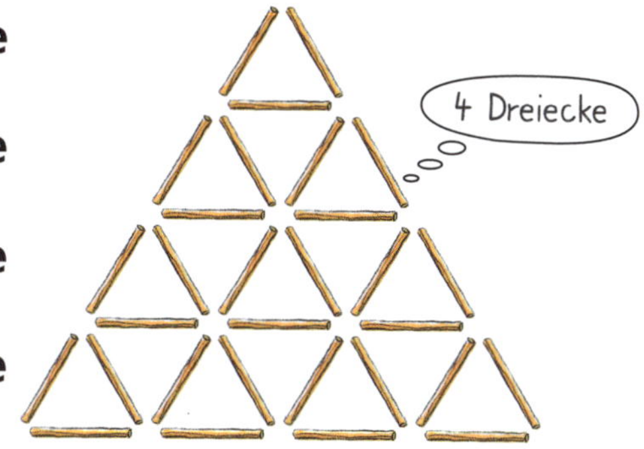

2 Setze fort.

a)
9 · 6 + ___ = 70
8 · 6 + ___ = 60
7 · 6 + ___ = 50
6 · 6 + ___ = ___
___ · ___ + ___ = ___

b)
9 · 9 − ___ = 80
8 · 9 − ___ = 70
7 · 9 − ___ = 60
6 · 9 − ___ = ___
___ · ___ − ___ = ___

3 a) Meine Zahl kann ich durch 6 und 9 teilen. Sie liegt zwischen 70 und 80.

b) Meine Zahl kann ich durch 3, aber nicht durch 6 und nicht durch 9 teilen. Sie liegt zwischen 30 und 37.

c) Meine Zahl liegt zwischen 40 und 50 und ich kann sie durch 3 und durch 6, aber nicht durch 9 teilen.

4 Überprüfe und begründe.

? Kann das stimmen?

Finde Beispiele.

	Kann stimmen.	Kann nicht stimmen.	
a) Es gibt Zahlen, die man durch 9, aber nicht durch 6 teilen kann.	○	○	9, ___
b) Im Zahlenraum bis 100 gibt es mehr Dreier- als Sechserzahlen.	○	○	___
c) Es gibt Zahlen, die man durch 9, aber nicht durch 3 teilen kann.	○	○	___

3c: Zwei Lösungen.

1 Im Zoo werden Bären und Kaninchen durch drei gerade Zäune getrennt.
Zeichne **drei gerade Linien** passend ein.

2 Im Zoo werden Leoparden und Ziegen durch vier gerade Zäune getrennt.
Zeichne **vier gerade Linien** passend ein.

1 und 2 Mit Lineal zeichnen.

Mo	Di	Mi	Do	Fr	Sa	So
					1	2
3	4	5	6	7	8	9
10	11	12	13	14	15	16
17	18	19	20	21	22	23
24	25	26	27	28	29	30

1 Trage die fehlenden Zahlen in die Ausschnitte aus dem Kalender ein. Addiere.

a)

3	4	7
10		

b)

20	

2 Trage die fehlenden Zahlen in die Ausschnitte ein. Addiere.

a)

4	5	6
	12	

b)

7	8	9

c)

	20	

d) Vergleiche die Summen in den farbigen Feldern. Was fällt dir auf?

___

___

3 Auf dem Bauernhof sind Schafe und Hühner.
Zusammen sind es 20 Beine.
Wie viele Hühner und Schafe können es sein?

Anzahl Hühner	2			
Anzahl Schafe				

4 In Opas Garten sind Gänse und Kaninchen.
Lukas zählt 26 Beine und 9 Köpfe.

Es sind ____ Gänse und ____ Kaninchen.

Zum Knobeln – Multiplizieren

1

a) 4, 3 — 12, 20, ___

b) 10, 5 — ___, ___, 35

c) 9 — 0, ___, 72

d) 10, 1 — ___, 70, ___

2

a) 15, 20, 12

b) 27, 63, 21

c) 36, 24, 54

d) 48, 32, 24

3 a)

·	2	5	3	11
	12			
		35		
			27	
				22

b)

·				
10				20
4			16	
5		50		
3	15			

c)

·		5		4
2			22	
		25		
3				
	80			32

4 Hier musst du probieren, welche Zahlen du zuerst außen eintragen kannst.

3 · 5 = 15

a)

·				7
	15	27		
		45	20	
			24	42
				56

b)

·				
11	77			
	49	63		
		90	60	
			72	60

c)

·				
	72	48		
			56	77
	81			
		66	88	

5 Tamara hat im letzten Urlaub am Meer 24 Muscheln, 27 Schneckenhäuser und 18 schöne Steine gesammelt. Sie teilt alles ohne Rest für sich und ihre Freunde auf. Wie viele Kinder sind es und wie viele Muscheln, Schneckenhäuser und Steine bekommt jedes Kind?

3 und 4 Kopiervorlagen nutzen.

1 Ordne jeder Aufgabe den Buchstaben des passenden Gebäudes zu.

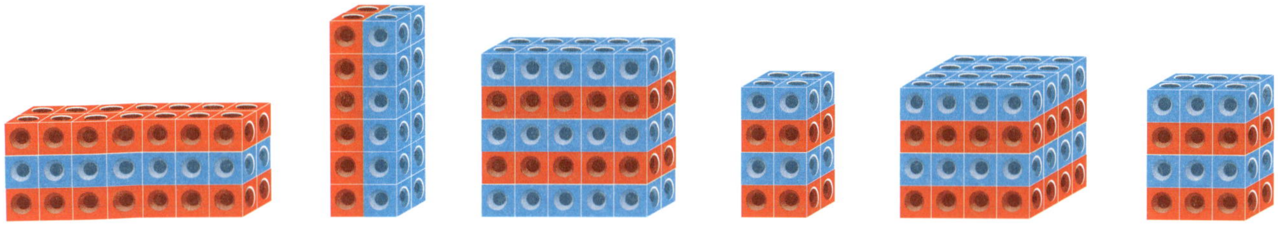

A B C D E F

4 · 4 · 4 = ____	E	3 · 4 · 2 = ____		5 · 5 · 2 = ____	
2 · 4 · 2 = ____		2 · 6 · 2 = ____		7 · 3 · 2 = ____	

2 Baue und rechne.

a) Aus wie vielen Steckwürfeln besteht jede Figur?

1. Figur

____

2. Figur

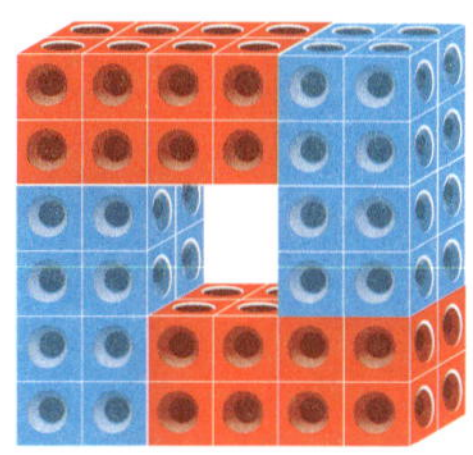

____

3. Figur

____

b) Wie viele Steckwürfel braucht man für die 8. Figur?

____

c) Wie viele Steckwürfel fehlen in der Mitte?

1. Figur: 1 · 1 · 2 = 2
2. Figur: 2 · ______
3. Figur: ____________
4. Figur: ____________
5. Figur: ____________
6. Figur: ____________
10. Figur: ____________

3 Wie kannst du einen Würfel aus acht Steckwürfeln in **zwei gleich große Teile** zerlegen?

a) Finde verschiedene Möglichkeiten.

b) Geht das auch mit größeren Würfeln?

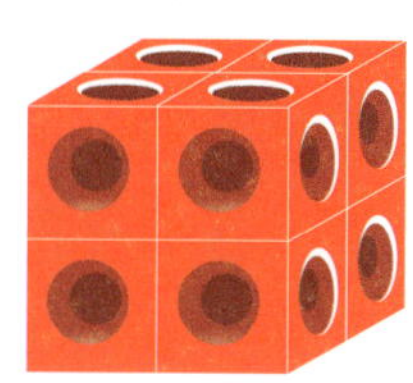

3 Die gefundenen Möglichkeiten ins Heft zeichnen.

sicher | möglich (aber nicht sicher) | unmöglich

1 Welche Aussage passt zum Glücksrad? Kreuze an. ⊗

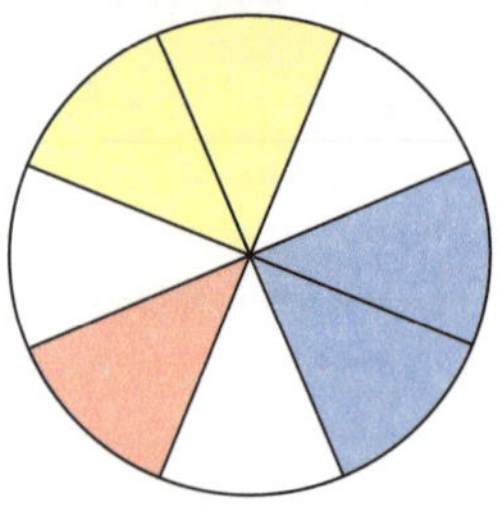

- ◯ Es ist möglich, dass gelb gewinnt.
- ◯ Es ist sicher, dass rot verliert.
- ◯ Es ist unmöglich, dass braun gewinnt.
- ◯ Es ist möglich, aber nicht sicher, dass blau gewinnt.

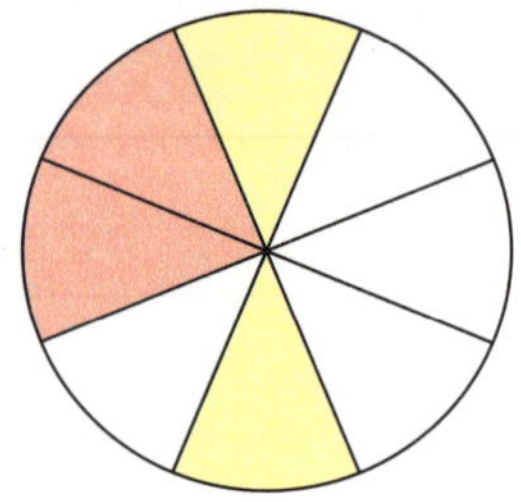

- ◯ Es ist möglich, dass weiß verliert.
- ◯ Es ist sicher, dass niemand gewinnt.
- ◯ Es ist unmöglich, dass rot verliert.
- ◯ Es ist möglich, aber nicht sicher, dass weiß gewinnt.

2 Male das Glücksrad mit **drei Farben** so an:

a) Es ist möglich, dass blau gewinnt.

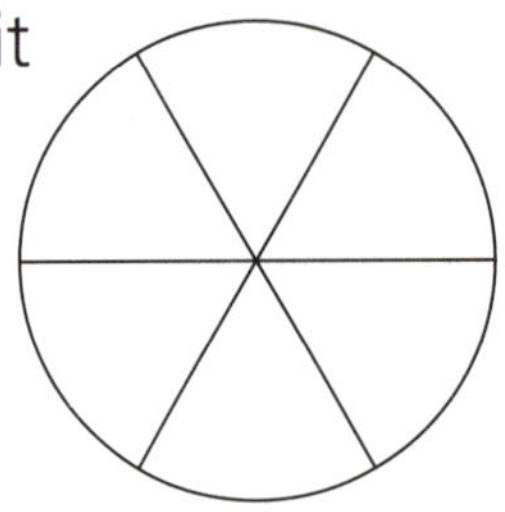

b) Es ist möglich, dass rot verliert.

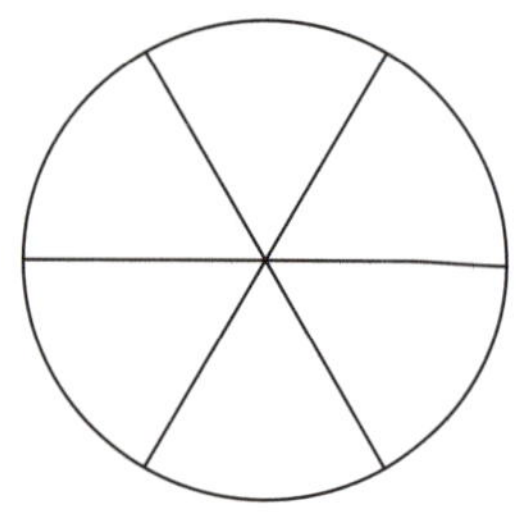

3 Bei allen Glücksrädern soll man die **gleiche Gewinnchance** wie bei **Glücksrad 1** haben. Male an.

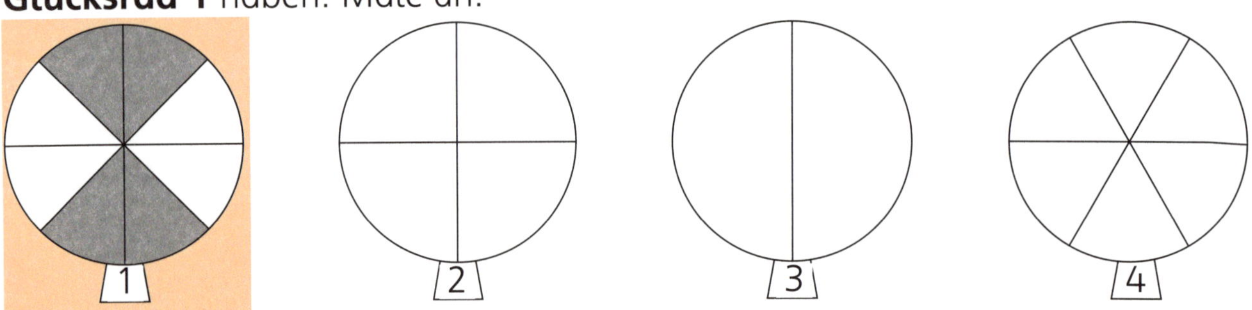

4 Würdest du auf weiß oder auf schwarz setzen? Begründe.

a)

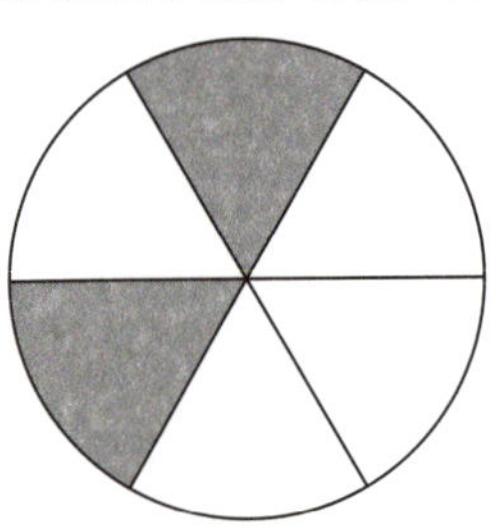

b)

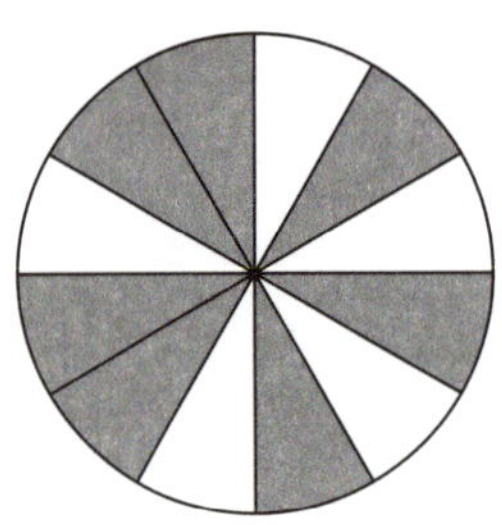

c)

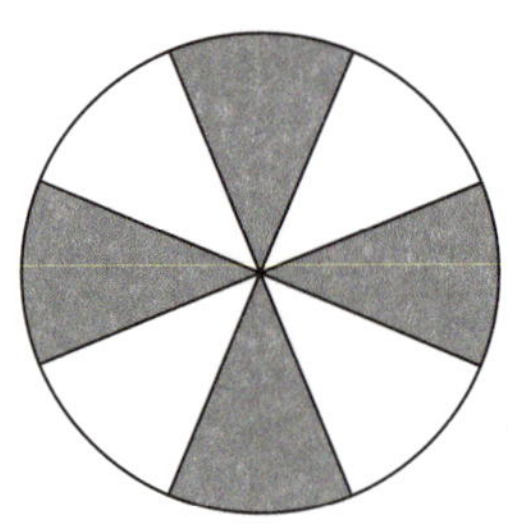

1

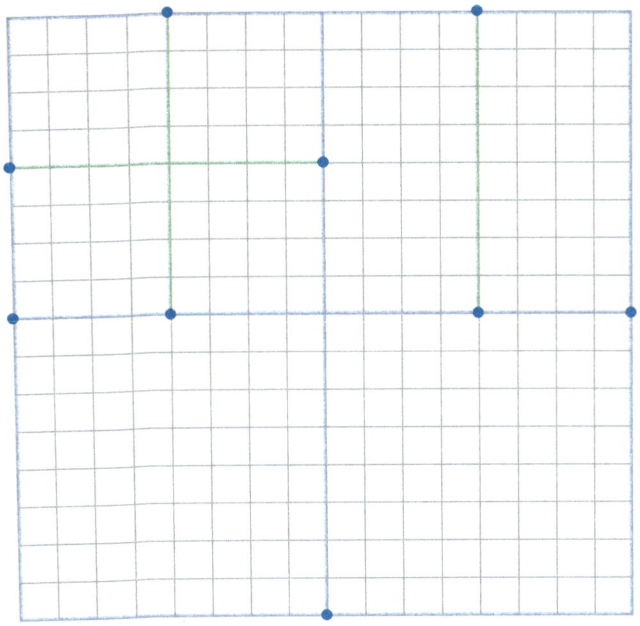

Muster mit Quadraten

- Halbiere jede Seite mit dem Lineal.
- Markiere die Punkte.
- Verbinde die Punkte auf den gegenüberliegenden Seiten mit dem Lineal.
- Setze fort so weit du kannst.
- Male an.

2

- Halbiere jede Seite mit dem Lineal.
- Markiere die Punkte.
- Verbinde die nebeneinander liegenden Punkte mit dem Lineal.
- Setze fort so weit du kannst.
- Male an.

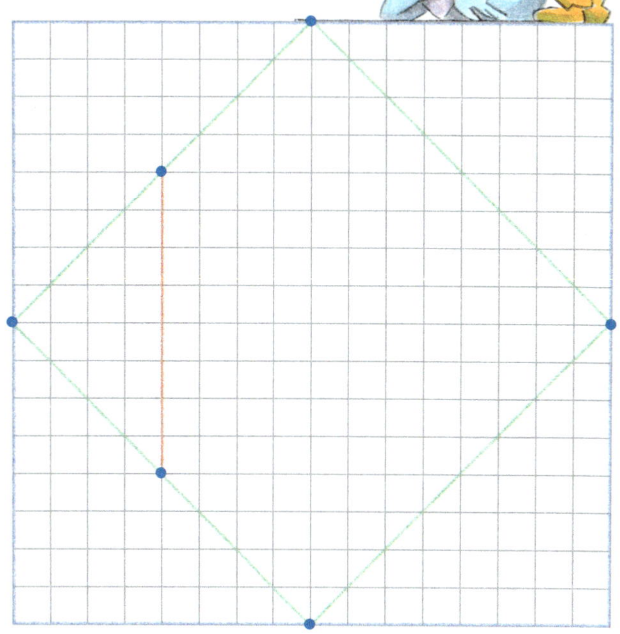

3 Setze die Muster mit dem Lineal fort. Male an.

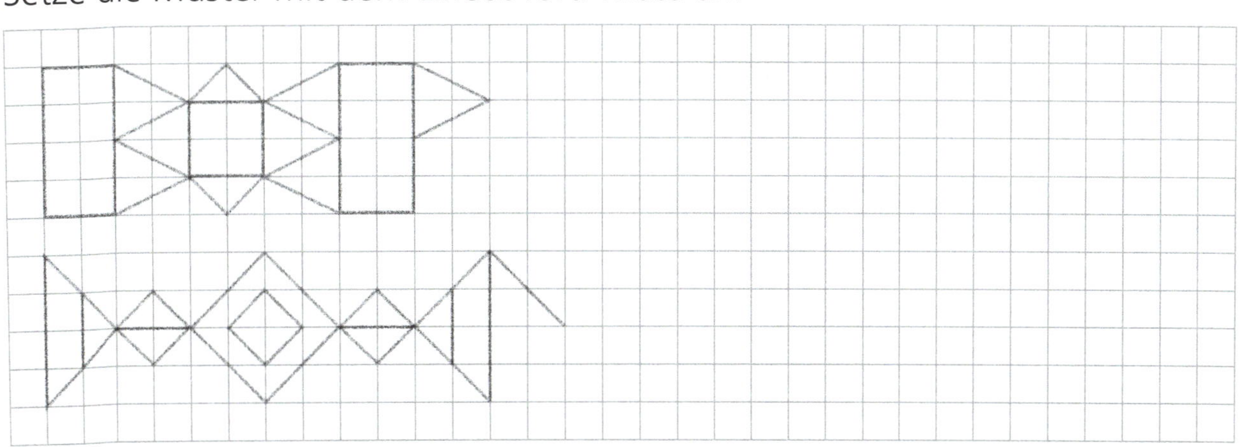

Im Forscherheft eigene Muster zeichnen.

1 Ergänze.

a) 1 m

62 cm	38 cm
3 cm	
96 cm	
21 cm	
43 cm	

b) 10 m

3 m 2 cm	
4 m 44 cm	
88 cm	
9 m 51 cm	
5 m 17 cm	

c) 50 m

7 m 25 cm	
35 m 8 cm	
49 m 99 cm	
72 cm	
25 m 59 cm	

2 Murat ist größer als Hannes, aber kleiner als Lotta. Emil ist kleiner als Hannes. Lotta ist kleiner als Timo.
Schreibe die Kinder der Größe nach auf. Beginne mit dem kleinsten Kind.

3 Eva ist 1 m 24 cm groß.
Ihr Bruder Jakob ist 37 cm größer.
Die kleine Luise ist nur halb so groß wie Eva.
Wie groß sind Jakob und Luise?

4 Mama ist dreimal so groß wie ihr Baby Kevin. Papa ist 1 m 78 cm groß. Er ist genau 10 cm größer als Mama.
Wie groß ist Kevin?

5 Zeichne in einem Zug.

a)

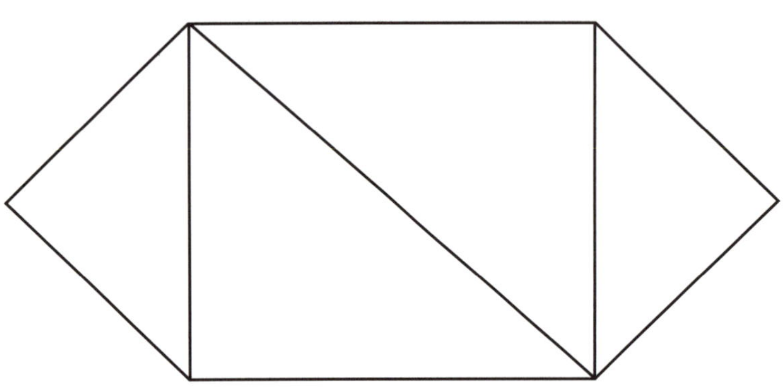

b)

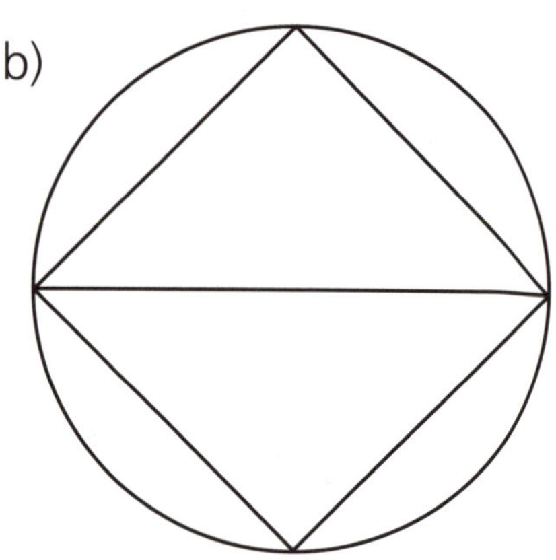

1 Zeichne in jede Kiste **zwei gerade Linien** so ein, dass vier Teile entstehen. In jedem Teil sollen gleich viele Früchte sein. Benutze dein Lineal.

a) 

b) 

2 Hier brauchst du **drei gerade Linien**, so dass immer drei Früchte in jedem Feld sind. Benutze auch hier dein Lineal.

a) 

b) 

3 Der Eierverkäufer hat für seine Legehennen verschiedene Wiesen mit Bäumen. Er will jede Wiese in **vier gleich große Teile** teilen. Jede Wiese soll die gleiche Form haben und jeweils einen Baum enthalten.

a) 

b) 

c) 

Öffnungszeiten
9.00 Uhr – 18.00 Uhr

Fütterungszeiten

Affen	12:15 Uhr
Pinguine	11:15 Uhr
	15:30 Uhr
Robben	13:10 Uhr

letzte Tierfütterung um 17.00 Uhr

1 Überprüfe die Fragen. Rechne.

	Kann ich beantworten.	Kann ich nicht beantworten.	Ergebnis
A Wie teuer ist der Eintritt für Mia und ihre Eltern?	◯	◯	____
B Wann ist die letzte Fütterung?	◯	◯	____
C Wie lange dauert die Fütterung der Robben?	◯	◯	____
D Wie lange dauert die Zooschule?	◯	◯	____
E Wie lange ist der Zoo offen?	◯	◯	____

2 Welche Rechengeschichte passt? Rechne und antworte.

a) 2 · 14 € + 2 · 7 € = ____

A Lilli geht mit ihren Eltern in den Zoo. Im Streichelzoo gibt es 14 Ziegen und 7 Kaninchen. Zwei Wärter füttern sie. Wie viel kostet der Eintritt?

B Lukas geht mit seiner Schwester und seinen Eltern in den Zoo. Wie teuer ist der Eintritt zusammen?

Antwort: ______________________________

b) 20 · 5 € + 20 · 3 € = ____

A 20 Kinder besuchen den Zoo. Jedes Kind kauft sich für 3 € ein Eis. Die Lehrerin kauft noch ein Klassentier für 20 €.

B In der Klasse 2 a sind 20 Kinder. Alle wollen in die Zooschule.

Antwort: ______________________________

3 Schreibe eine passende Frage. Rechne und antworte.
Finn und Mia gehen zur Fütterung der Affen. Sie dauert 30 Minuten. Dann laufen sie zur Fütterung der Robben.

____

____

1 Zauberbuchstaben. Immer 100.

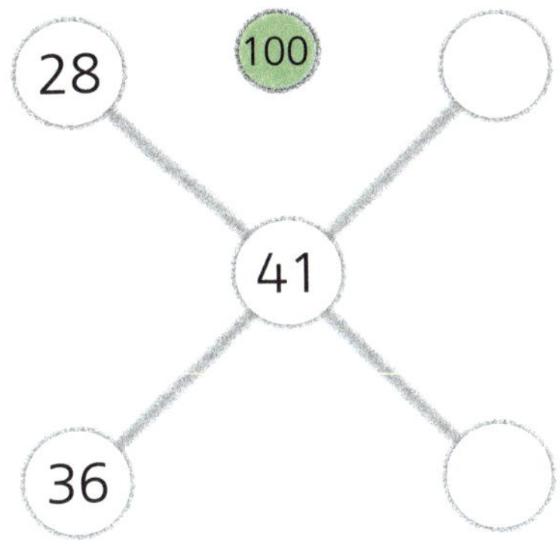

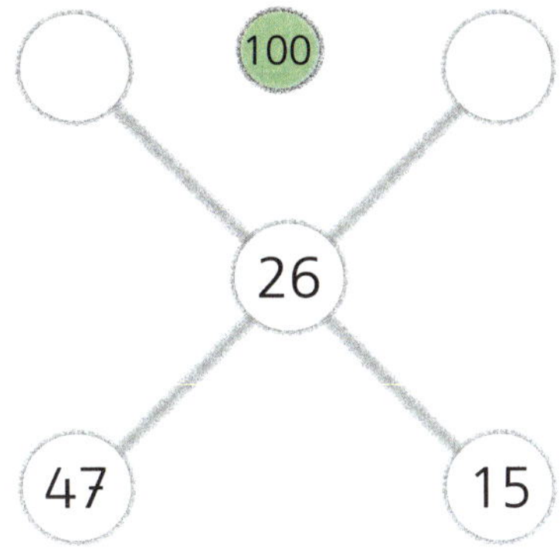

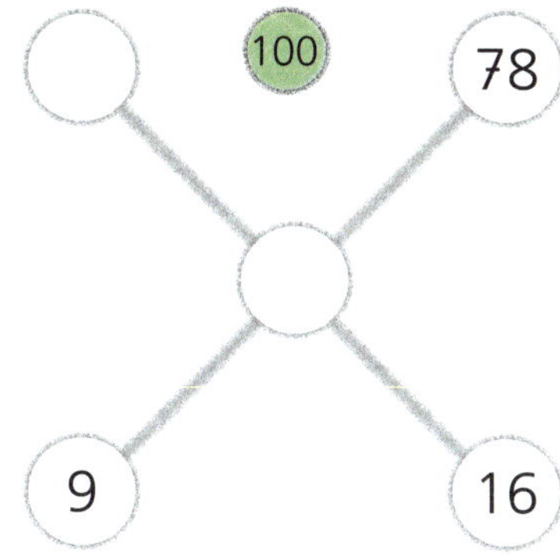

2 Zauberbuchstaben. Immer 75.

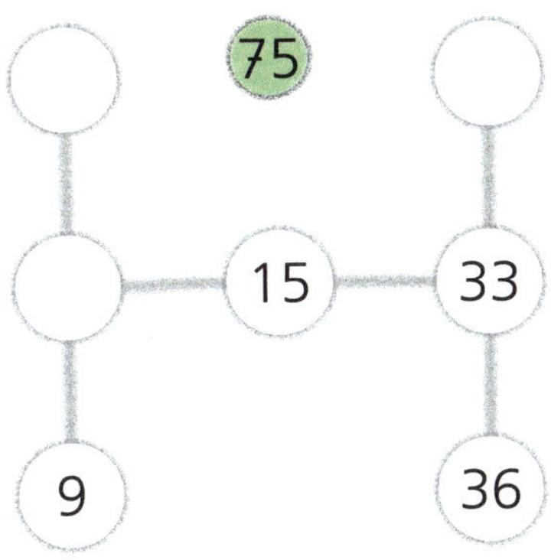

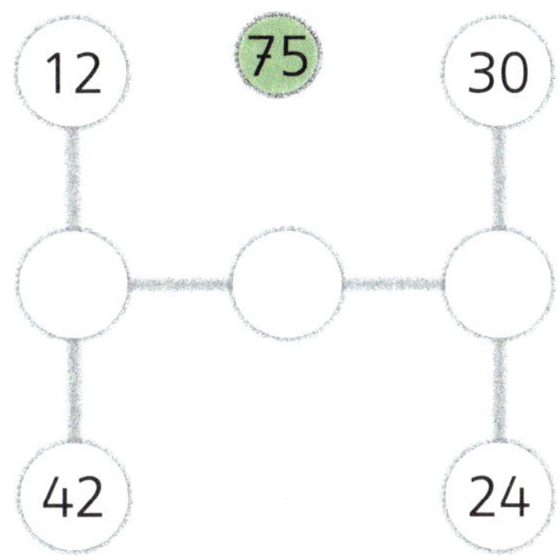

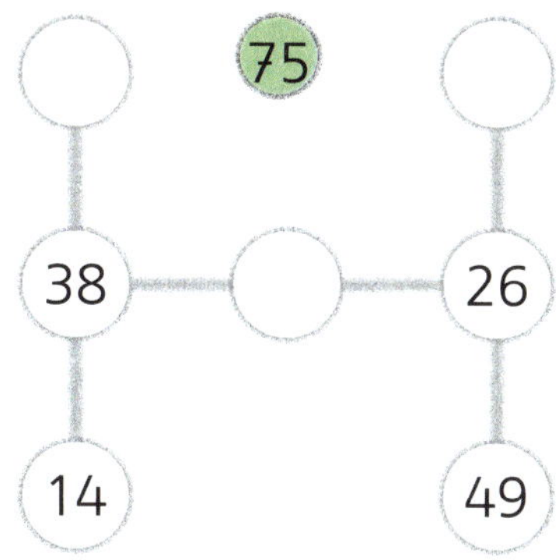

3 Kombiniere: Von jeder Farbe eine Karte.
Immer das gleiche Ergebnis.

10	20	54	
26	28	72	110
34	30	56	

69	56	1	
58	50	28	120
36	11	51	

75	28	59	
69	24	51	150
58	33	53	

4 

a) Lege drei Stäbe so um, dass drei gleich große Quadrate entstehen.

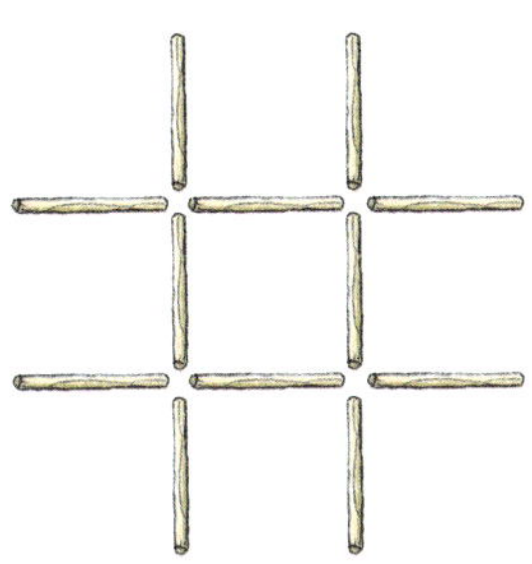

b) Lege drei Stäbe so um, dass zwei Quadrate entstehen.

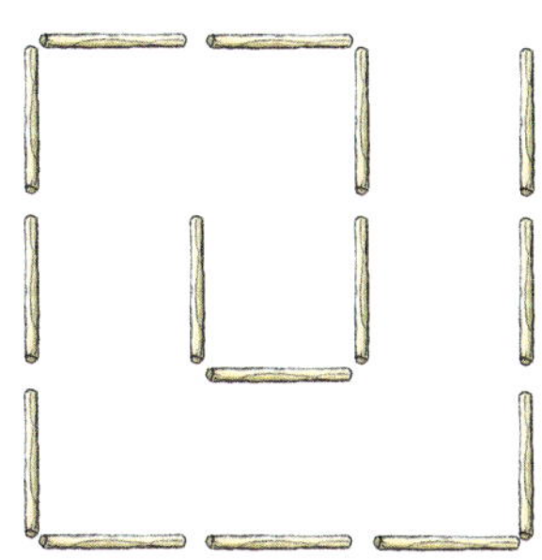

A	C	E	H	L	M	N	S	T	U
		5		15			3		

1 Rechne aus und trage die Zahlen passend ein.

E + E + E = L — 5 + 5 + 5 = 15 L = 15

S + E = A

C = A + L – E – E

S + S + C – A – E = U

E + U + L – A – A = H

L – E + L + L + H = M

N = M – C – C – L – E

M + H – L – L – C – T = A

2 Finde den Lösungssatz.

a) 25 + 25 = 50
37 – 29 =
45 – 36 =
73 – 63 =
69 – 64 =

b) 110 – 60 =
24 – 16 =
26 – 13 =
99 – 89 =
94 – 85 =

c) 65 – 50 =
72 – 64 =
95 – 89 =
96 – 92 =
73 – 68 =

M _ _ _ _   _ _ _ _ _   _ _ _ _ _ !

2 Finde eigene Wörter im Forscherheft.

1 Wie viele **Dreiecke** entdeckst du? Male an.

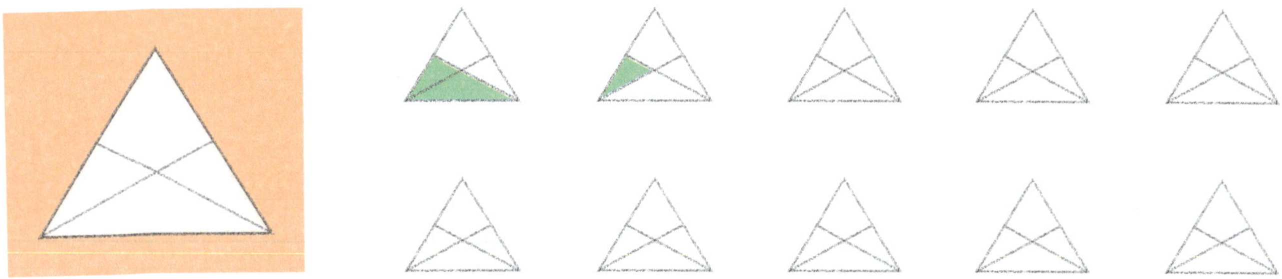

____ Dreiecke

2 Wie viele **Quadrate** entdeckst du? Male an.

____ Quadrate

3 Wie viele **Dreiecke** entdeckst du? Male an.

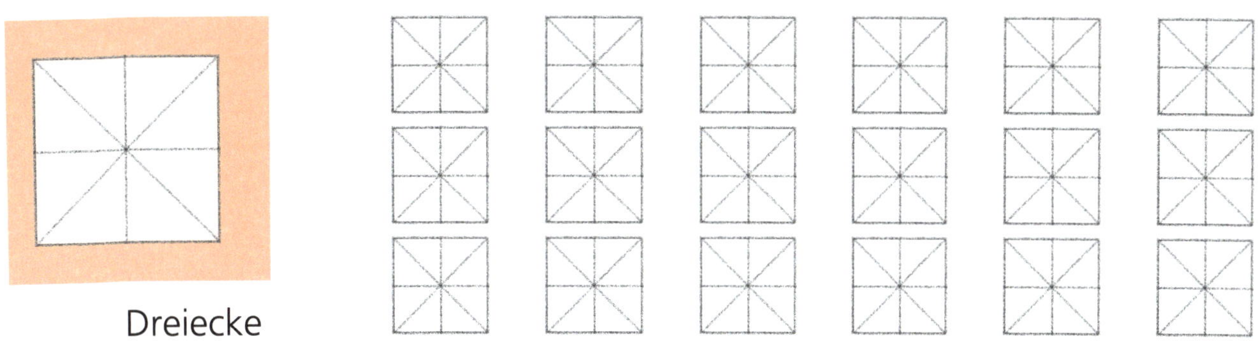

____ Dreiecke

4 Wie viele **Rechtecke** sind in diesem Bild zu entdecken?

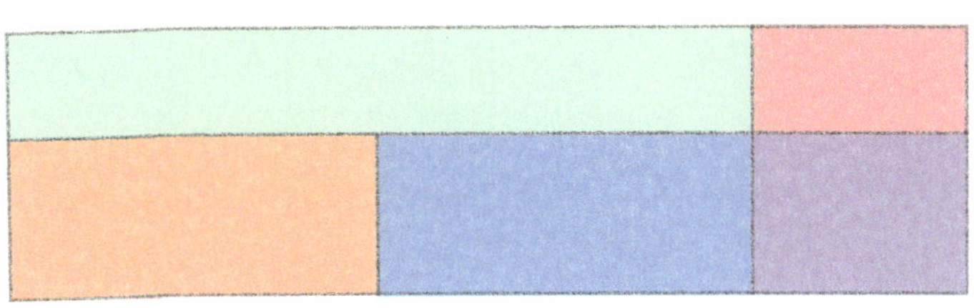

____ Rechtecke

1 Spanne und zeichne **verschiedene Vierecke**, bei denen beide grünen Nägel Eckpunkte sind.

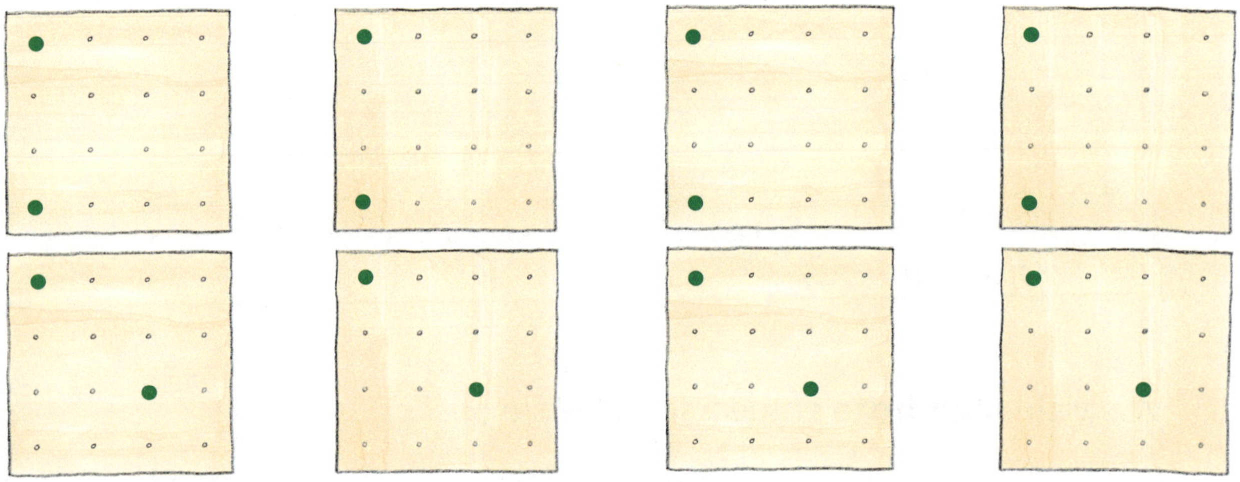

2 Spanne und zeichne möglichst viele gleiche Dreiecke. Sie sollen sich nicht berühren.

A

B

C
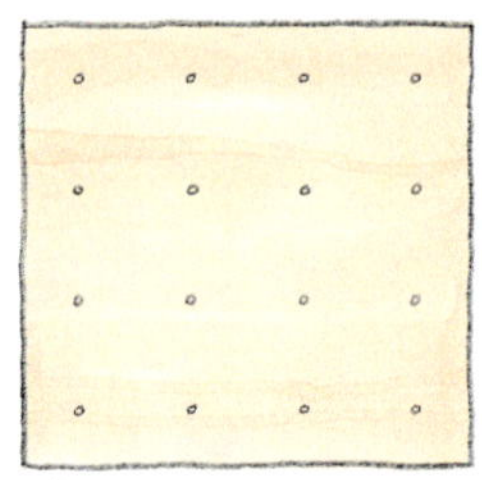
D

3 Spanne und zeichne **alle Spiegelbilder**.

a)
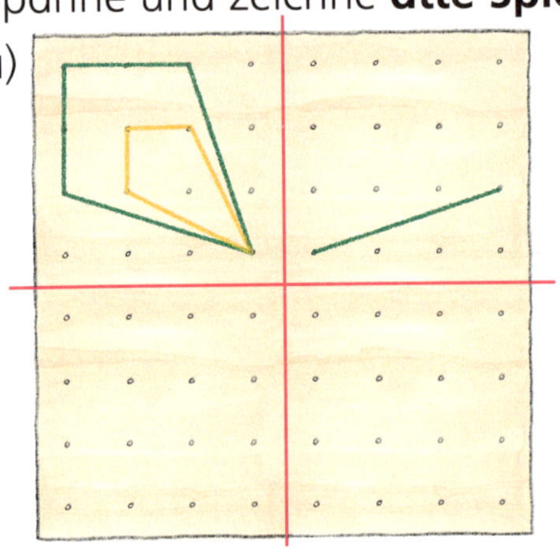

b)
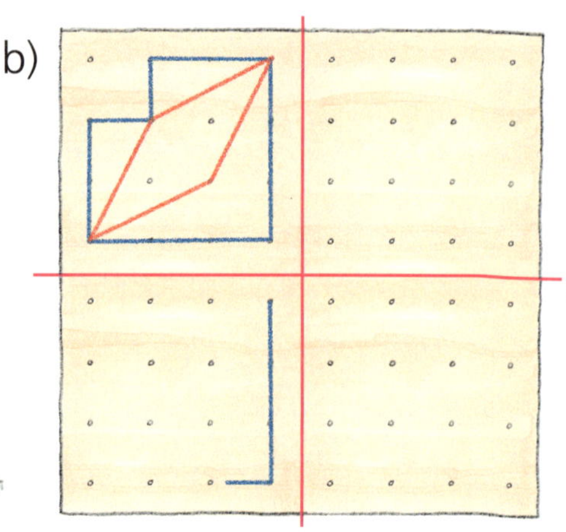

c)
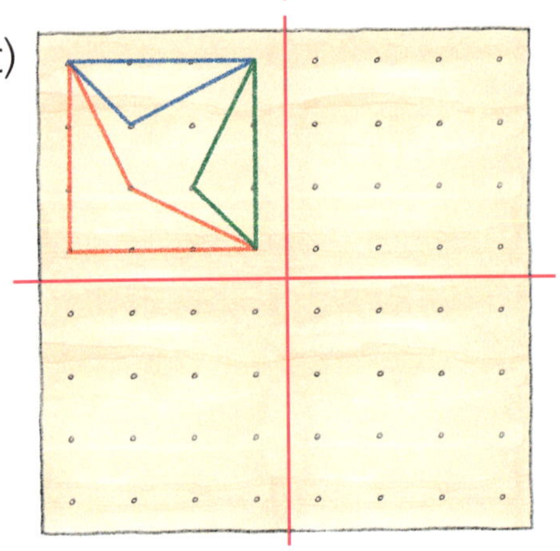

d)
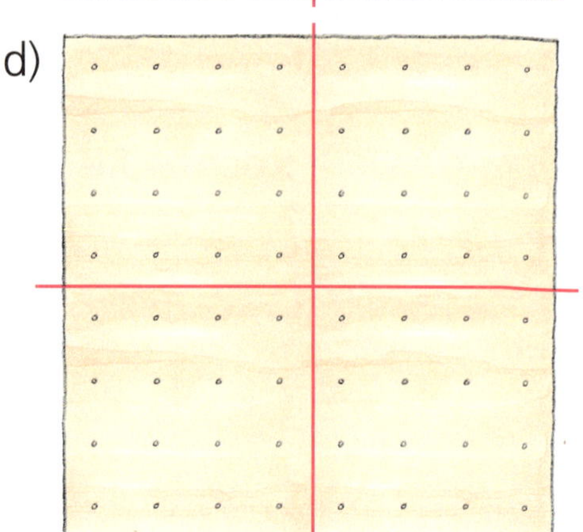

3 d) Eigene Figur spannen, zeichnen und spiegeln.

1 Welches Netz passt zu dem zerschnittenen Würfel? Kreuze an.

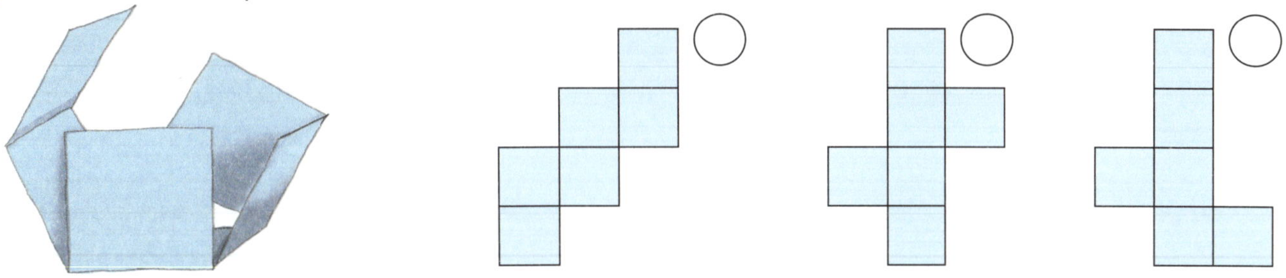

2 Aus welchen Netzen lässt sich ein Würfel zusammensetzen? Kreuze an.

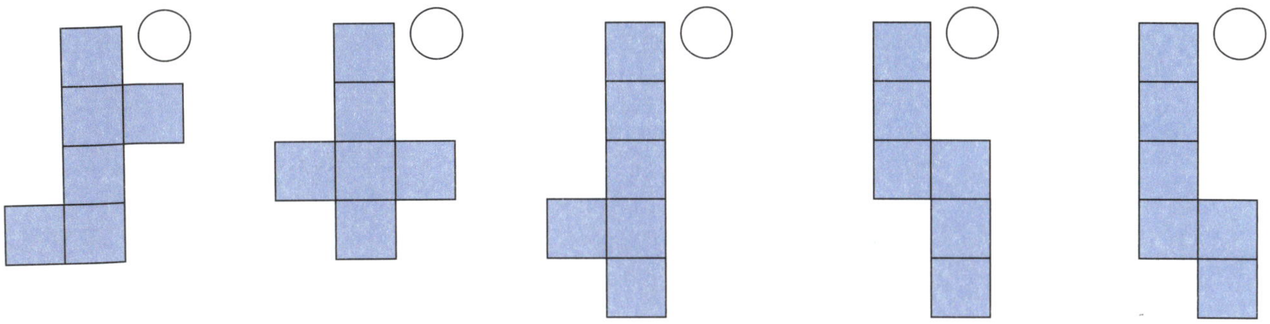

3 Wie sieht dieser Würfel auseinandergefaltet aus? Kreuze an.

A

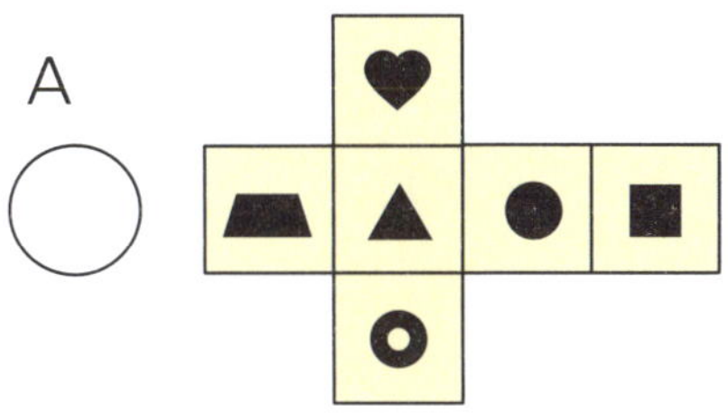

B

C

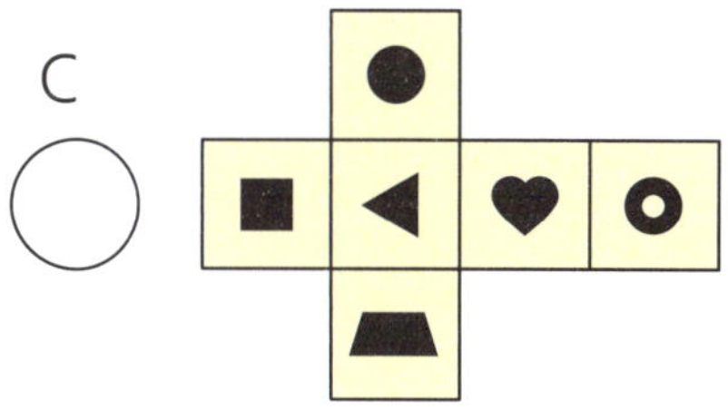

4 Zeichne in einem Zug.

a)

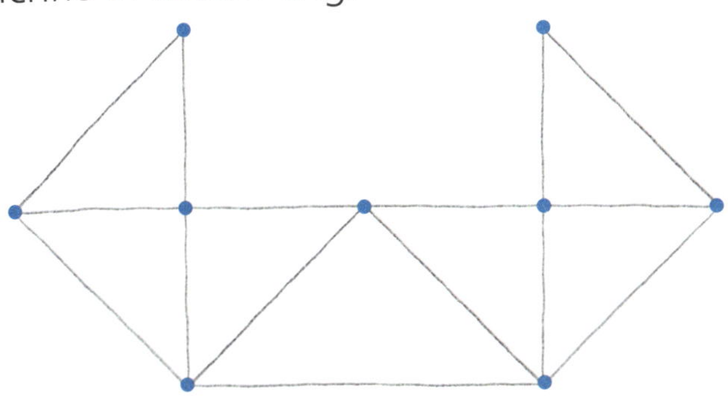

b)

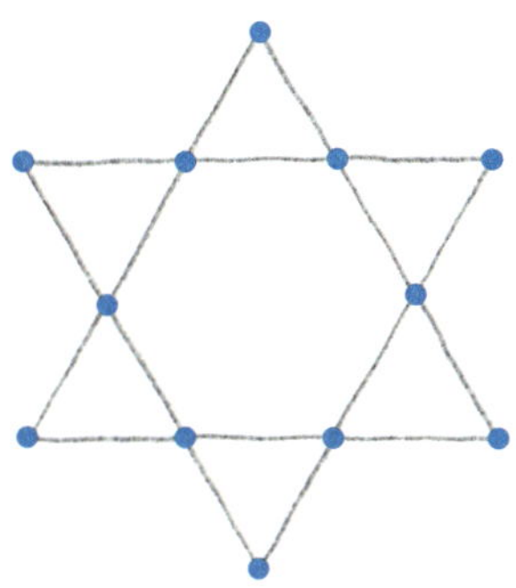

1 Jede Zahl steht für einen Buchstaben.

53	54	63	67	71	75	82	87	92	93
P	A	E	F	I	M	O	R	U	S

a) 38+15 | 69+18 | 65+17 | 49+18 | 57+14

53 ___ ___ ___ ___

P ______________

b) 58+17 | 38+16 | 77+15 | 75+18

Wie heißen die Wörter?

___ ___ ___ ___

____

c) 77+16 | 76+16 | 35+18 | 45+18 | 70+17

___ ___ ___ ___ ___

____

d) 39+14 | 35+19 | 74+18 | 79+14 | 49+14

___ ___ ___ ___ ___

____

e) 48+19 | 47+16 | 53+18 | 48+15 | 68+19

___ ___ ___ ___ ___

____

f) 69+18 | 46+17 | 55+16 | 78+15 | 50+13

___ ___ ___ ___ ___

____

2 Jede Zahl steht für einen Buchstaben.

17	19	26	28	35	47	49	54	58	67	69	73	76	78
S	T	A	U	C	D	E	F	G	H	I	L	N	R

a) 33 – 16 | 52 – 17 | 81 – 14 | 90 – 17 | 42 – 16 | 45 – 17

___ ___ ___ ___ ___ ___

____

b) 71 – 17 | 84 – 15 | 35 – 16

___ ___ ___

____

c) 72 – 18 | 61 – 12 | 95 – 17 | 36 – 17 | 83 – 14 | 75 – 17

___ ___ ___ ___ ___ ___

____

d) 35 – 18 | 34 – 15 | 85 – 16 | 92 – 19 | 91 – 18

___ ___ ___ ___ ___

____

e) 73 – 19 | 66 – 17 | 94 – 16 | 87 – 18 | 67 – 18 | 95 – 19

___ ___ ___ ___ ___ ___

____

f) 63 – 14 | 92 – 16 | 62 – 15 | 68 – 19

___ ___ ___ ___

____

Im Forscherheft eigene Wörter in Geheimschrift schreiben.

1 Welche Rechengeschichte passt? Kreuze an.

a) 45 € – 30 € = ____

- ◯ Lukas will sich ein Trikot für 45 € kaufen. Er hat schon 30 € gespart.
- ◯ Lili hat 45 € gespart. Ihr fehlen noch 30 €, damit sie sich neue Inliner kaufen kann.
- ◯ In der Klassenkasse sind 45 €. Die Eltern zahlen noch 30 € ein.

b) 45 € : 3 = ____

- ◯ Mina will mit ihren drei Freundinnen ins Konzert. Jede Karte kostet 45 €.
- ◯ Jannes kauft sich drei neue Computerspiele. Zusammen kosten sie 45 €.
- ◯ Adrian will sich ein Trikot für 45 € kaufen. Dazu fehlen ihm noch 3 €.

c) 20 € · 4 = ____

- ◯ Jens will sich ein Trikot für 20 € kaufen. Er bekommt vier Wochen lang Taschengeld.
- ◯ David hat 20 € gespart. Sein Vater gibt ihm noch 4 €, weil David sein Auto geputzt hat.
- ◯ Lisa bekommt jeden Monat 20 € Taschengeld. Nach vier Monaten bringt sie ihr Geld auf die Bank.

2 Luis hat 62 Euro gespart.
Das Fahrrad, das er sich kaufen möchte, kostet dreimal so viel.

Frage: ____

Antwort: ____

3 In Toms Geldbeutel sind zwei 5-Euro-Scheine, drei 2-Euro-Münzen, ein 2-Cent-Stück, ein Knopf und ein Glitzerstein.

Frage: Wie teuer ist das Buch, das er sich gerade gekauft hat?

Antwort: ____

4 Hasan und Jureg haben zusammen 26 Euro. Aber Hasan hat 8 Euro mehr als Jureg.

Frage: ____

Antwort: ____

5 ____

Frage: ____

Antwort: ____

Eine Aufgabe ist nicht lösbar. **5** Eine eigene Aufgabe erfinden.

1 Triffst du genau die 75? Vermute und begründe erst.

a) 

Ja, weil ______________________

____

Immer plus 3.

39, 42, ______________________

b) 

____

____

Immer plus 5.

39, ______________________

c) 

____

____

Immer plus 6.

39, ______________________

2 a) Immer $\xrightarrow{+15}$

5		

b) Immer $\xrightarrow{+18}$

6		

c) Immer $\xrightarrow{+21}$

7		

d) Immer $\xrightarrow{+24}$

8		

e) Immer $\xrightarrow{+27}$

9		

2 Auffälligkeiten im Forscherheft beschreiben

1 Finde verschiedene Lösungsmöglichkeiten für dieses Sudoku.

1			2
3			4

1			2
3			4

Findest du noch mehr Möglichkeiten?

1			2
3			4

2 Setze die Buchstaben des Wortes **MAUS** richtig in die Wortsudokus ein.

a)

M	A		
S			
			U
		S	

b)

			S
	U		
	A		
M		A	

c)

		M	
	M	A	
	S		
U			

d)

			M
	A		
	U		S

3 Setze die Buchstaben des Wortes **FISCHE** richtig in die Wortsudokus ein.

a)

F	I			H	
		E	S		
				F	
H		C			
I			E		H
	S		F		

b)

F					C
C	I		E	S	
		S			H
	F		C		
	E			H	
			S		E

c)

F					E
	I			H	C
		S	C		
I		C	S	F	
	H			I	
E					F

4 a)

	3	2	6	4	
	4	5			
	2		1	5	
	6		5	3	
					6

b)

		1	2		
	6			1	
6					5
1					4
5	1			3	
		2	6		

c)

1					3
	6			1	
		6	4		
		1	5		
	1			2	
3		5			6

1 Miss die **Körpergröße** und die **Beinlänge** einiger Menschen.
Trage ein und berechne den Unterschied.

Name:	Körpergröße	Beinlänge	Unterschied
Philipp	121 cm	58 cm	cm
	cm	cm	cm
	cm	cm	cm
	cm	cm	cm
	cm	cm	cm
	cm	cm	cm

2 Miss die **Körpergröße** und die **Armspanne** einiger Menschen.
Trage ein und berechne den Unterschied.

Name:	Körpergröße	Armspanne	Unterschied
	cm	cm	cm
	cm	cm	cm
	cm	cm	cm
	cm	cm	cm
	cm	cm	cm
	cm	cm	cm

Was fällt dir auf?

____

____

3 Miss auch die **Länge eines Fußes** und die **Handspanne** einiger Menschen.
Fülle dann wieder die Tabelle aus
und berechne den Unterschied.

Name:			

Fällt dir auch hier etwas auf?

____

____

____

____

1 Welche Pullis liegen wo? Male an.

Auf dem Tisch liegen drei Stapel mit Pullis.
Der Stapel mit fünf Pullis liegt rechts von den gelben und den roten Pullis.
Die roten Pullis liegen links von dem Stapel mit den drei Pullis.
Die blauen Pullis liegen rechts neben den gelben.

2 Was kann man in den Stockwerken kaufen? Trage ein.

Die Kinderkleidung ist im Erdgeschoss.
In die Lebensmittelabteilung muss man die meisten Rolltreppen hoch fahren.
Die Spielzeugabteilung ist zwei Stockwerke unter den Lebensmitteln.
Für Damenmode muss man nicht so weit nach oben wie für Männermode.

Hier gibt es:

____

____

____

____

____

3 Wer kauft welche Hose? Male an.

Jan kauft eine blaue Jeans.
Beide Mädchen kaufen sich eine einfarbige Hose.
Fenja kauft die hellste Hose.
Die Hosen der Mädchen haben die gleichen Farben wie die Hose von Max.
Hannas Hose ist rot.
In der roten Hose eines Jungen sind gelbe Streifen.

4 Kombiniere: Von jeder Farbe eine Karte.
Immer das gleiche Ergebnis. Trage die fehlende Zahl ein.

47	66	21	
25		45	136
33	68	33	

49	57	58	
35	64	54	157
46		59	

84	56	37	
81	52		178
73	68	42	

Alle Zahlen müssen verschieden sein.

1 Finde drei verschiedene Zauberdreiecke mit der Zauberzahl 80.

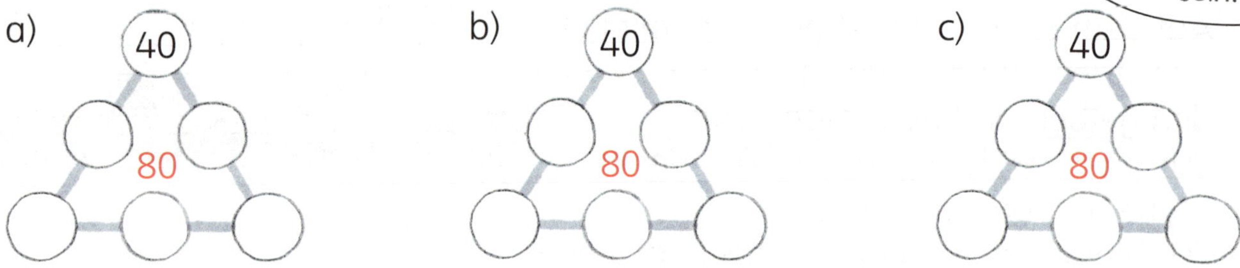

2 Ergänze auch diese Dreiecke zu Zauberdreiecken.

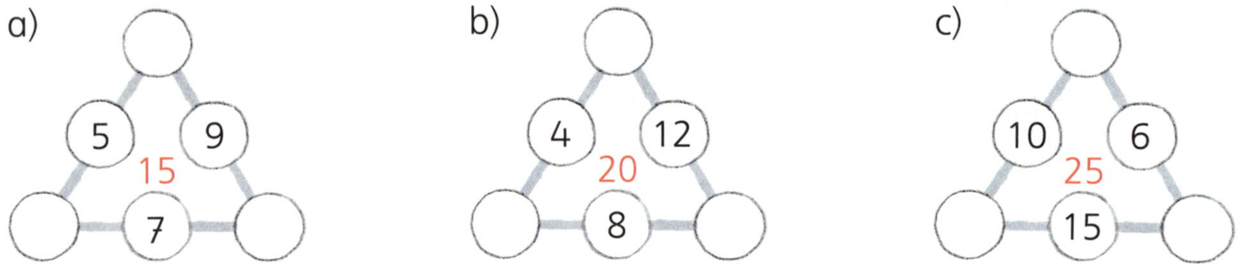

3 Setze die Zahlen von 1 bis 9 ein.

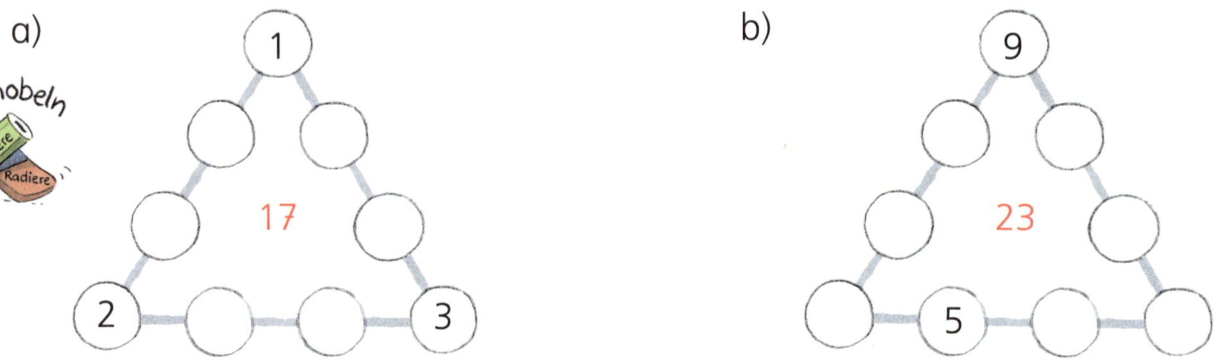

4 Setze die Zahlen von 1 bis 12 ein.

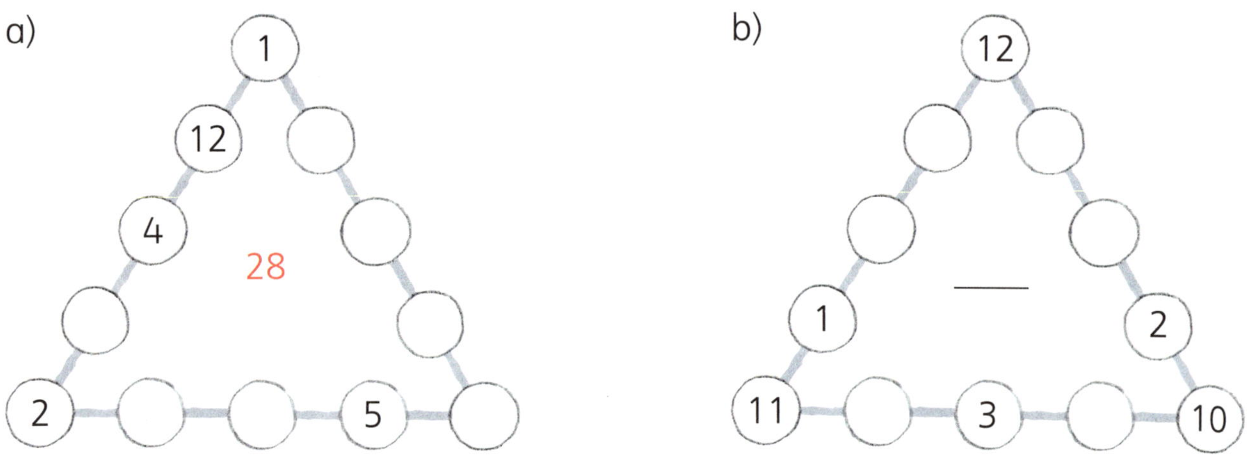

1 bis 4 Mehrere Lösungen möglich.

1 Addiere die gleichfarbigen Zahlen.

Das ist ein Ausschnitt aus der Hundertertafel.

1	2	3	4
11	12	13	14
21	22	23	24
31	32	33	34

a) 1 + 4 + 31 + 34 = ____

b) 2 + 12 + 24 + 32 = ____

c) Was fällt dir auf?

____

____

2 Suche jeweils vier Zahlen mit dem **Ergebnis 70**. Male an. Rechne.

a)

1	2	3	4
11	12	13	14
21	22	23	24
31	32	33	34

1 + 2 + 33 + ___ = ___

b)

1	2	3	4
11	12	13	14
21	22	23	24
31	32	33	34

1 + 4 + 32 + ___ = ___

c)

1	2	3	4
11	12	13	14
21	22	23	24
31	32	33	34

1 + 12 + 24 + ___ = ___

d)

1	2	3	4
11	12	13	14
21	22	23	24
31	32	33	34

____

e)

1	2	3	4
11	12	13	14
21	22	23	24
31	32	33	34

____

f)

1	2	3	4
11	12	13	14
21	22	23	24
31	32	33	34

____

g)

1	2	3	4
11	12	13	14
21	22	23	24
31	32	33	34

____

h)

1	2	3	4
11	12	13	14
21	22	23	24
31	32	33	34

____

i)

1	2	3	4
11	12	13	14
21	22	23	24
31	32	33	34

____

2 Weitere Aufgaben mit dem Ergebnis 70 ins Heft schreiben.

1 Zeichne die Zeiger ein.

a) 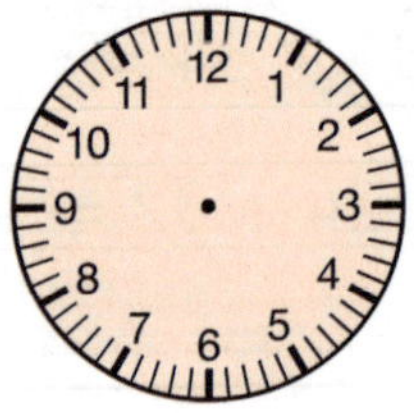
14:30 Uhr

b) 
07:15 Uhr

c) 
10:45 Uhr

d) 
16:10 Uhr

e) 
09:20 Uhr

f) 
20:35 Uhr

g) 
18:55 Uhr

h) 
22:22 Uhr

2 Trage ein.

a) 
Bens Hausaufgaben

____ Uhr —25 min→ ____ Uhr

b) 
Der Spielnachmittag

____ Uhr —h min→ ____ Uhr

c) 
Bens Fernsehzeit

____ Uhr —h min→ ____ Uhr

3 Kreuze an.

	Stimmt	Stimmt nicht
A Eine Stunde hat 60 Minuten.	○	○
B Der kleine Zeiger zeigt Minuten an.	○	○
C Eine halbe Stunde dauert 30 Minuten.	○	○
D Eine Stunde dauert 12 mal 5 Minuten.	○	○

Januar

MO	DI	MI	DO	FR	SA	SO
						1
2	3	4	5	6	7	8
9	10	11	12	13	14	15
16	17	18	19	20	21	22
23	24	25	26	27	28	29
30	31					

Februar

MO	DI	MI	DO	FR	SA	SO
		1	2	3	4	5
6	7	8	9	10	11	12
13	14	15	16	17	18	19
20	21	22	23	24	25	26
27	28	29				

März

MO	DI	MI	DO	FR	SA	SO
			1	2	3	4
5	6	7	8	9	10	11
12	13	14	15	16	17	18
19	20	21	22	23	24	25
26	27	28	29	30	31	

April

MO	DI	MI	DO	FR	SA	SO
						1
2	3	4	5	6	7	8
9	10	11	12	13	14	15
16	17	18	19	20	21	22
23	24	25	26	27	28	29
30						

Mai

MO	DI	MI	DO	FR	SA	SO
	1	2	2	4	5	6
7	8	9	10	11	12	13
14	15	16	17	18	19	20
21	22	23	24	25	26	27
28	29	30	31			

Juni

MO	DI	MI	DO	FR	SA	SO
				1	2	3
4	5	6	7	8	9	10
11	12	13	14	15	16	17
18	19	20	21	22	23	24
25	26	27	28	29	30	

Juli

MO	DI	MI	DO	FR	SA	SO
						1
2	3	4	5	6	7	8
9	10	11	12	13	14	15
16	17	18	19	20	21	22
23	24	25	26	27	28	29
30	31					

August

MO	DI	MI	DO	FR	SA	SO
		1	2	3	4	5
6	7	8	9	10	11	12
13	14	15	16	17	18	19
20	21	22	23	24	25	26
27	28	29	30	31		

September

MO	DI	MI	DO	FR	SA	SO
					1	2
3	4	5	6	7	8	9
10	11	12	13	14	15	16
17	18	19	20	21	22	23
24	25	26	27	28	29	30

Oktober

MO	DI	MI	DO	FR	SA	SO
1	2	3	4	5	6	7
8	9	10	11	12	13	14
15	16	17	18	19	20	21
22	23	24	25	26	27	28
29	30	31				

November

MO	DI	MI	DO	FR	SA	SO
			1	2	3	4
5	6	7	8	9	10	11
12	13	14	15	16	17	18
19	20	21	22	23	24	25
26	27	28	29	30		

Dezember

MO	DI	MI	DO	FR	SA	SO
					1	2
3	4	5	6	7	8	9
10	11	12	13	14	15	16
17	18	19	20	21	22	23
24	25	26	27	28	29	30
31						

1 Wie viele Wochen hat ein Jahr?

____

2 Wie viele Monate hat ein halbes Jahr?

____

3 Wie viele Tage hat ein Jahr?

____

4 Wie viele Sonntage hat ein Jahr?

____

5 Überprüfe die Aussagen. Kreuze an.

	Stimmt	Stimmt nicht
A Ein Jahr hat zwölf Monate.	○	○
B Ein Vierteljahr hat vier Monate.	○	○
C Der Juni hat 31 Tage.	○	○
D Ein Jahr hat 365 Tage.	○	○
E Der Rosenmontag fällt auf einen Dienstag.	○	○
F Der 8. Monat im Jahr heißt August.	○	○
G Heilig Abend ist immer sonntags.	○	○

6 Das Jahr 2000 war ein Schaltjahr.
Welches waren die letzten zwei Schaltjahre vor dem Jahr 2000 und wie heißen die vier nächsten Schaltjahre?

1 Im Eiscafé gibt es Becher in den vier Farben rosa, blau, grün und gelb. Dazu gibt es Schirmchen in den drei Farben rot, grün und blau.

a) Wie viele Möglichkeiten gibt es, die Eisbecher zusammen zu stellen?

b) Wie viele Möglichkeiten bleiben, wenn jede Farbe in jedem Eisbecher nur einmal vorkommen darf?

2 Wer bestellt welches Eis? Verbinde.
Lina mag kein Schokoladeneis.
Finn mag Banane oder Schokolade.
Jan isst nur Erdbeer.
Mia bestellt Nuss.
Ein Mädchen mag nur Banane.

Mia

Jan

Lina

Finn

Banane | Nuss | Schokolade | Erdbeer

3 Setze aus den Wörtern Schokolade, Eis und Becher neue Wörter zusammen. Dabei darf jedes der drei Wörter nur einmal vorkommen. Auch Unsinnwörter sind möglich. Schreibe alle auf.

Schokoladeneisbecher,

1 Beim Neuner-Sudoku müssen die Zahlen von **1 bis 9** in die Reihen, Spalten und Kästen passend eingetragen werden.

a)

	5	3				9		7
2					9	6	5	
				3		8	1	4
3				2		4		1
	2		1		8			
1	4	8	5		3	2	7	6
4		2		5	1	7		
9				8		5		
			4			1	3	9

b)

9						7	3	5
5	8	4	2				1	9
1				6	9	8	4	2
2	5				6	4	7	3
4			3	5				8
	6		8					
6				2	8		5	
7	9		6				8	
				4		2	9	6

c)

8		6	9	3		1		
		2				9		
	5		8	2		3	4	
1	8		5				9	7
2	9	5						
7		4	3		9			
3		8			5	7	2	9
		7			3			
5	1	9			8	6		4

d)

	7				5			8
9			4				2	
	8	2		6	7			
			7	3				2
7		9		5		1		3
3	4	8			2			6
2	6		5	4		3	8	9
			6	7	9	2	1	
	9			2		6		7

e)

9		2	8	5			4	1
	7	8		1	9	5	2	3
5				4	3	9	8	
7	4	9	1			8		
	6	1		7			3	4
	5	3		8				
				2		3	1	
	2			9				
1				6		7		

f)

8	7	3			5	4		
	9	1					6	
	2				1		7	
1			4	5	2			
2	5			7	9		3	6
	8		1	3			5	
	1		2			9	8	3
3	4		5		7			1
	6	2	3				4	

1 Wie viele Quadrate passen in das große Quadrat?

______

2 Wie viele kleine Rechtecke passen in das große Rechteck?

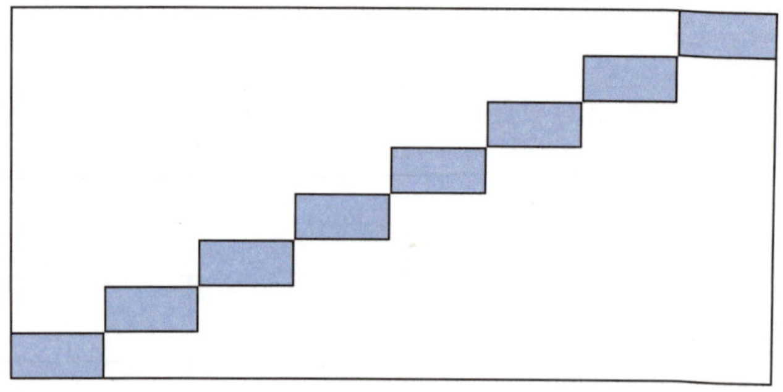

______

3 In einem Stall zählt Lukas Pferde und Fliegen.
Es sind zehn Tiere, zusammen haben sie 46 Beine.
Wie viele Pferde und wie viele Fliegen sind es?

______

4 Im Kaninchenstall zählt Mia 24 Pfoten.

Wie viele Ohren sind es? ______

Wie viele Hasen sind es? ______

5 Tim ist größer als Lilli, aber kleiner als Mia.
Lilli ist größer als Finn. Ordne die Kinder nach der Größe.

______

6 52 Schafe werden von zwei Hunden bewacht.

Wie alt ist der Schäfer? ______

7 Zeichne die Figur nach, ohne den Stift abzusetzen.

a)

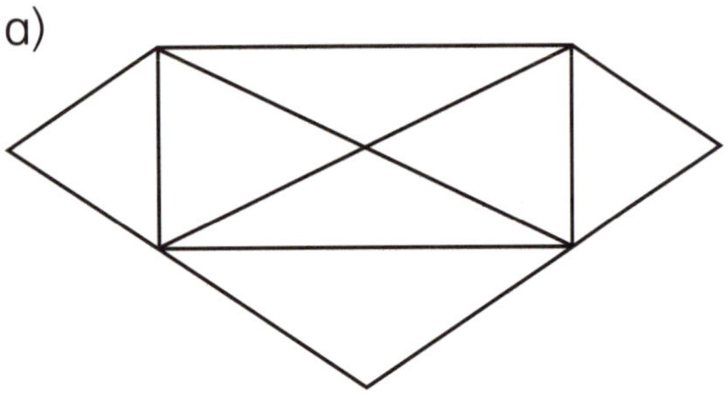

b)

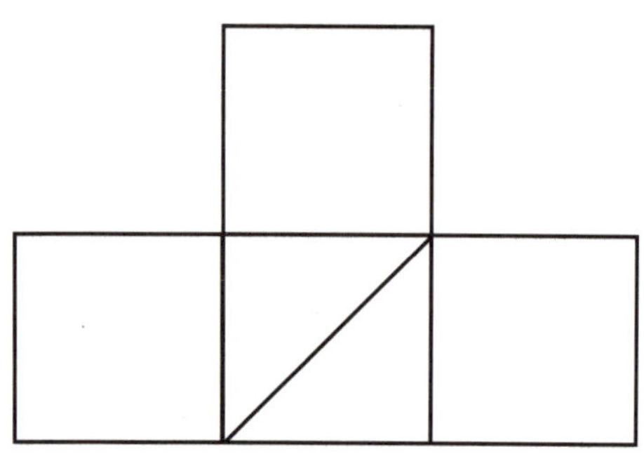